DIE

人生が豊かになりすぎる究極のルール

WITH

ビル・パーキンス　BILL PERKINS　児島修 訳
ダイヤモンド社

ZERO

GETTING ALL YOU CAN
FROM YOUR MONEY
AND YOUR LIFE

DIE WITH ZERO:

Getting All You Can From Your Money and Your Life

by

William Perkins

Published by special arrangement with
Houghton Mifflin Harcourt Publishing Company, Massachusetts
through Tuttle-Mori Agency, Inc., Tokyo

娘のスカイとブリサへ
君たちが、冒険と愛に満ちた最高の人生を送れますように

まえがき

まずは、有名なアリとキリギリスのイソップ寓話から始めよう。

夏のあいだ、勤勉なアリは冬の食料を蓄えるためにせっせと働いた。一方の気楽なキリギリスは自由に遊んで過ごした。やがて冬が到来した。アリは生き残り、キリギリスには悲惨な現実が待っていた――。

この寓話の教訓は、人生には、働くべきときと遊ぶべきときがある、というものだ。もっともな話だ。

だが、ここで疑問は生じないだろうか？

アリはいつ遊ぶことができるのだろう？

それが、この本のテーマだ。

私たちは、キリギリスの末路を知っている。そう、飢え死にだ。

しかし、アリはどうなったのか？

短い人生を奴隷のように働いて過ごし、そのまま死んでいくのだろうか？

いつ、楽しいときを過ごすのか？

もちろん、誰もが生きるために働かなければならない。だが、ただ生きる以上のことをしたいとも望んでいる。「本当の人生」を生きたいのだ。

この本のテーマはそれだ。

ただ生きるだけではなく、十分に生きる。経済的に豊かになるだけではなく、人生を豊かにするための方法を考える。

もちろん、誰もがそのような人生を望んでいる。だが現実には、全員がその望みを叶えられるわけではない。

私は長いあいだ、この問題について真剣に考え続けてきた。友人や同僚とも何度も議論を重ねた。

この本で読者にお届けするのは、その成果だ。あらゆる問題を解決する答えなど存在しない。だが、私は**あなたの人生を確実に豊かにする方法**だけは知っている。

私はファイナンシャルアドバイザーでも投資アドバイザーでもない。ただ、人生を最大限に豊かにしたいと思っているだけの人間だ。そして、あなたにも同じように生きてほしいと強く願っている。

この本は、決して金持ちだけに向けたものではない。今を生きるのに必死で、ギリギリの生活をしている人でも、この本から価値を引き出せるだろう。もちろん、金と健康、自由時間がある人であれば、より最適な選択につなげられるはずだ。

さあ、さっそく読み進めよう。

この本によって、あなたが古い常識から解き放たれ、新たな視点で人生をとらえ直せるようになることを願っている。

ビル・パーキンス

本書は、お金を"最も価値あるもの"
と交換する方法を教えてくれる。
それは「経験」という名の、
人生に喜びをもたらす究極の宝物のことだ。
——ボストン大学経済学部教授　**ローレンス・コトリコフ**

この本は、思い出に満ちた最高の人生をつくるための
まったく新しい考え方を教えてくれる。
なぜ、やりたいことを先送りする必要があるのか？
最優先すべきは、今を大切にすることだ。
リソースを賢く使いながら、
人生を生きるための驚くべき方法が見つかるだろう。
——コメディアン、俳優　**ケビン・ハート**

著者は、世間一般にいわれる人生の黄金期を待つのではなく、
今、豊かな人生を生きることに目を向けるべきだという。
この意見に心から賛同する。
ぜひ本書を読み、考え方を変え、目を覚ましてほしい。
手遅れになる前に人生を豊かにする経験を
たくさん積み重ねてほしい。
——ベストセラー作家（『The Automatic Millionaire』、『The Latte Factor』）　**デヴィッド・バック**

人生のあらゆるステージを最大限に生きる秘訣を知りたいのなら、
この実践的でタイムリーな本を読むべきだ。
——コーコラン・グループ創設者　**バーバラ・コーコラン**

DIE WITH ZERO

CONTENTS

目次

ルール3——ゼロで死ぬ

ルール4――人生最後の日を意識する

ルール5――子どもには死ぬ「前」に与える

ルール6――年齢にあわせて「金、健康、時間」を最適化する

ルール7——やりたいことの「賞味期限」を意識する

ルール8——45～60歳に資産を取り崩し始める

RULE 1

MAXIMIZE YOUR POSITIVE LIFE EXPERIENCES

ルール1
「今しかできないこと」に投資する

あなたは喜びを先送りしすぎている

2008年10月、共に弁護士として働いているエリンとジョン夫婦は、3人の子どもにも恵まれ、幸せで順調な人生を送っていた。

だがある日、夫ジョンの身体に腫瘍が見つかった。明細胞肉腫と呼ばれる稀ながんだった。腫瘍は知らないうちに、ジョンの背中と脚の骨に広がっていた。

私は幼馴染みだったエリンに「しばらく仕事は休み、家事もヘルパーに任せたほうがいい。ジョンがまだ元気なあいだは一緒に過ごすんだ」と伝えた。その費用の援助も申し出た。

だが、すでにエリンは退職を考えていた。そして彼女は会社を辞めた。

ジョンのがん治療の合間に、夫婦はただ2人でいる喜びを味わった。一緒に公園に行き、映画を観て、テレビゲームをし、授業を終えた子どもたちを学校に迎えに行った。

11月、地元の医師の手が尽きたとき、エリンたちはボストンでの臨床試験を知った。実験的治療を受けるためにボストンを何度か訪れ、自由時間には市内の歴史的名所を見て回った。このとき、ジョンはまだ自力で歩けた。

だが、病状は急速に悪化し、2人の希望は薄れていった。ジョンはベッドに横たわり、子どもの成長した姿をこの目で見ることも、エリンと一緒に年を重ねていくことも叶わないと覚った。

そして、がんと診断されてからわずか3カ月後の2009年1月、ジョンは天国に旅立った。

当時のことを思い出すと、エリンは今でも深い悲しみに襲われるという。それでも、仕事を辞めてジョンと少しでも多くの時間を過ごしたことを良かったと思っている。

もし我々がエリンの立場に置かれたら、どうするだろう?

きっと彼女と同じことをするに違いない。

死は人を目覚めさせる。死が近づいて初めて、私たちは我に返る。先が長くないと知り、ようやく考え始めるのだ。

自分は今までいったい何をしていたのだろう? これ以上、先延ばしをせずに、今すぐ、本当にやりたいこと、大切なことをすべきだ、と。

ふだん私たちは、まるで世界が永遠に続くかのような感覚で生きている。

もちろん、そう考えるのはある意味で合理的だ。毎日、人生最後の日のような気持ちで生きるのは難しい。そんなふうに考えていたら、誰も仕事なんかしないし、テスト勉強もしない。歯医者にだって行かなくなるだろう。喜びをある程度先送りするのは理にかなっている。長期的に見れば、そのほうが報われるからだ。

だが残念なことに、私たちは喜びを先送りしすぎている。手遅れになるまでやりたいことを我慢し、ただただ金を節約する。人生が無限に続くかのような気持ちで。

今しかできないことに、惜しみなく金を使え

もちろん、急な難病に見舞われたエリンとジョンのケースは極端な例だ。だが、誰もが、遅かれ早かれ2人が直面したような現実に向きあわなければならない。人は老化には逆らえない。いつかは誰もが死ぬ。だからこそ、**限られた時間のなかで最大限に命を燃やす方法**を考えなければならない。

高尚で哲学的な話のように聞こえるかもしれないが、これは「最適化」の問題だ。つまり、人生からどれだけ無駄を減らし、価値あるものを増やすか。

誰もがこの問題への答えを求められている。置かれた状況によって違いはあるものの、

基本は同じだ。死ぬまでに、限られた自分のエネルギーを、何にどれくらい割り当てるべきか、という問いである。

私は、最低限の生活費しか稼げなかった若い頃から、この問いについて考えてきた。そして長い時間をかけ、次のような人生の指針・原則を築き上げた。

今しかできないことに金を使う。

それこそが、この本で伝えたいことの核だ。

90歳になって水上スキーを始めるのは難しい。今それを我慢すれば、その分の金は貯まるだろう。だが、十分な金を得たときには、すでにそれができない年齢かもしれない。過去に戻って時間を取り戻すこともできない。

金を無駄にするのを恐れて機会を逃がすのはナンセンスだ。金を浪費することより、人生を無駄にしてしまうことのほうが、はるかに大きな問題ではないだろうか。

私はそう信じているし、機会があれば人にもそれを伝えてきた。

夢を追い求めることを諦め、安定した退屈な仕事に落ちつこうとしている25歳や、たっぷりと貯金があるのに長時間労働を続ける60歳に。誰かが人生を無駄にして、今を生きることを先送りにしているのを見るのが嫌なのだ。

もちろん、自分でもできる限りそのことを意識している。たとえば、私はよく旅に出かける。大好きなポーカーの大会への参加を兼ねていることもある。だから、毎年かなりの額の金を旅とポーカーに使う。だからといって人に同じことをすすめたりはしない。

大切なのは、自分が何をすれば幸せになるかを知り、その経験に惜しまず金を使うことだ。

当然、それは人によって違う。活発で冒険的な行動を好む人もいれば、自宅で静かに過ごしたい人もいる。自分や家族、友人のために何かをすることに喜びを覚える人もいれば、恵まれない他人へのサポートに生きがいを感じる人もいる。自分を幸せにする方法は1つではない。

私も旅行以外に、政府の銀行救済政策に反対したり、ハリケーン被害に遭ったバージン諸島へ寄付をしたりと、社会問題のために金を使うこともある。何に価値を見いだすかは人それぞれだ。重要なのは、流されて生きるのではなく、自分にとって大切な経験を意識的に選び、そこに惜しみなく金を使うことである。

とはいえ、何に自分が幸せを感じ、どんな経験に金を使うのが有益かを判断するのは簡単ではない。それは、人生を通じても変わっていく。

まだよちよち歩きの幼い頃にイタリア旅行に連れて行ってもらっても、おそらくジェラートを好きになるくらいしか得られるものはない。同様に、90歳のときにローマのスペイン階段を上ろうとして、どれくらい楽しめるかは疑問だ。ある経済誌の記事のタイトルにもあったが、「健康《ヘルス》なくして富《ウェルス》に価値なし」である。

つまり、時間と金を最大限に活かすためのカギは〝タイミング〟にある。

人生の充実度を高めるのは、〝そのときどきに相応《ふさわ》しい経験〟なのだ。

時間と金という限りある資源を、**いつ、何に使うか——**。

この重要な決断を下すことで、私たちは豊かな人生を送れるのである。

ひたすら貯めて、どうなる？

私は友人から、「名誉億万長者」と呼ばれることがある。実際は億万長者でないのに、あたかもそのように暮らしているからだ。

現実には、生きているあいだに財産を使い切れる億万長者はめったにいない。どんなに贅沢をしても、一人の人間が自分のために使える金には限界がある。

だから億万長者の多くは寄付をする。しかし、アメリカでもっとも裕福な2000世帯（そのほとんどが高齢者）が毎年寄付しているのは、総資産のわずか1％にすぎない。これでは、死ぬまでに巨額の資産を使い果たせない。

もちろん、スーパーリッチがケチだと言いたいわけではない。なかにはビル・ゲイツやウォーレン・バフェット、マイケル・ブルームバーグのように、大金を寄付している人もいる。

ただし、こうした現代を代表する篤志家《とくしか》でさえ、財産をすべて使い切ることはできないだろう。なにしろあまりにも財産が莫大で、しかも毎年のように増え続けているのだから。

たとえば、ゲイツは2010年以来、病気や貧困に苦しむ人々を救うための活動に専念しているが、そのあいだにも資産は倍増している。

素晴らしい行いをしている人をあげつらうようで気が引けるが、もしゲイツが今すぐに財産のほとんどを寄付したら、どれほど世の中に良い影響を与えられるだろう、と考えてしまう。

とはいえ少なくともゲイツには、まだ若く、もっと金を稼げたときに仕事を辞めるだけの知恵と先見の明があった。それができる裕福な成功者は、そうはいない。そのゲイツでさえ、一生のあいだに使い切れる数倍もの額を稼ぐ前に、もっと早く仕事をやめるべきだったのかもしれないが。

人生はテレビゲームとは違って、果てしなく高スコアを目指せばいいわけではない。にもかかわらず、そんなふうに生きている人は多い。

得た富を最大限に活かす方法を真剣に考えず、ただひたすらにもっと稼ごうとし、自分や愛する配偶者、子ども、友人、世の中に、**今、何ができるか**を考えることから目を背けている。いつ死が訪れるかもわからないのに。

若い頃にはした金を貯めるな

私も、ずっとこんなふうに考えていたわけではない。大学を出て初めて就職したときにはまったく逆の考え方だった。

アイオワ大学ではフットボールに熱中し、電気工学を専攻した。今でも、この学問を通じて学んだ「物事を最適化する」という考えを大切にしている。

就職活動では、ありきたりなエンジニアになろうと思わなかった。ＩＢＭみたいな大企業に就職したら、実際に設計を任されるまで、コンピューターチップの細かな部分の、さらに細かい部分を何年も担当しなければならない。

そんな職場での未来を想像しても、ワクワクしなかった。厳密に決められたスケジュールに従って毎日コツコツ働き、まとまった休暇もとれない。それは私が描いていた人生とは違う。

たしかに、そのときは若くて世間知らずで、壮大すぎる夢を抱いていたのかもしれない。それでも、もっと良い人生があるはずだという直感は正しいと思えた。

そんなとき、映画『ウォール街』が話題になった。

今では、この映画は笑いのネタにされることも多い。マイケル・ダグラスが演じた、髪をオールバックにしたゴードン・ゲッコーの「言葉は悪いかもしれないが、欲は良いものだ」という有名な台詞は、しょっちゅうふざけて引用される。ゲッコーが体現した欲望剥き出しの資本主義がアメリカをどんな国にしてしまったかは、周知の通りだ。

それでも当時の私にとって、この映画で描かれた豊かで自由奔放なライフスタイルは実に魅力的だった。金融業界こそ、自分が望む自由を与えてくれる場所だと思えた。

そこで、ニューヨーク証券取引所のフロアで働き始めた。

肩書きは「雑用係」。トレーディングフロアにいる上司にサンドイッチを持っていくような、細々としたアシスタント業務である。ハリウッドで言うところのメールボーイみたいなものだ。

年俸は1万6000ドルで、1990年代前半の当時でさえ、ニューヨークで暮らせる額ではなかった。だから、しばらくは母が住むニュージャージー州の家に同居させてもらい、そこから通勤した。

そのうち雑用係のチーフに昇進し、年俸が1万8000ドルに上がったので、なんとかマンハッタンのアッパーウエストサイドにあるワンルームのアパートメントをルームメイトと家賃を折半して借りることができた。部屋の真ん中に仕切りを手づくりし、ピザオーブンほどの広さしかない狭苦しいスペースで生活した。

薄給だったから、地下鉄の定期券を買わなければ通勤すらできない。デートで映画を観に行き、彼女が売店でポップコーンを注文すると、玉のような冷や汗が出た。

副収入を得るために、夜に上司のリムジンの運転も始めた。爪に火をともすような節約もした。私よりケチな生活をしていたのは、ポップコーンの容器の底にある不発コーンをかき集めて冷蔵庫で保存し、レンジで温め直していた友人のトニーくらいだったと思う。

私は、自分の倹約家ぶりを誇りに思っていた。安い給料なのに金を貯められているのがうれしかった。

そんなある日、会社の上司ジョー・フレルと話をしていて、なぜか私の貯金の話になった。

私は自信たっぷりに、節約して1000ドル貯めたことを伝えた。うまくやりくりしているのを褒めてもらえるだろう、と。

ところが、それは大きな間違いだった。

「お前はバカか？　はした金を貯めやがって」

そう言われ、頬をビンタされたように衝撃を受けた。

「この業界に入ってきたのは、大金を稼ぐためだろう？　ちまちま節約なんてするな。これからもっと稼げるようになる。このまま一生、年収1万8000ドルが続くと思っているのか？」

その通りだった。まだウォール街で働き始めたばかりだったが、これから数年間で確実に収入は上がっていくはずだ。この少ない稼ぎのなかから、将来のために無理な節約をする必要などない。

「この1000ドルは、今しかできないことのために費やすべきだ」

人生が変わった瞬間だった。

収入と支出のバランスについての考えが一変した。

当時は知らなかったが、上司が話していたのは会計の世界では古くからある、「消費の平準化」と呼ばれる考え方だった。人の収入は月や年によって変わる。だが、支出をその変動に合わせる必要はない。収入の多いときは貯蓄に回し、少ないときにそれを切り崩せば、同額の支出を維持できる。そもそも銀行の預金口座とは、このような使い方をするためにあるものだと言える。

だが、そのときの私は、預金口座を逆の方法で使っていた。つまり、**豊かになっているはずの将来の自分のために、若く貧乏な今の自分から金をむしり取っていた。**彼にバカと言われたのも無理はない。

「将来、自分が今より豊かになるなんてわからないだろう」という人もいるかもしれない。もっともな疑問である。雑用係が必ずしもトレーダーとして成功するわけではない。ハリウッドのメールボーイが必ずしも大物になれないように。

私も今のポジションにたどり着くまでにはいくつもの障壁を乗り越えてきた。自分が将来、どれだけの金を稼げるかなんて想像もできなかった。

だが、何百万ドルもの大金を稼げるかはわからないが、近い将来、年収1万8000ドル以上を稼げる確信はあった。なぜなら当時の年収は、レストランでウェイターをしたほうがもっと稼げるレベルの薄給だったからだ。

金やモノのために、あなたが失っているもの

この頃、私は人生の指針となる本にも出会った。『Your Money or Your Life』（ビッキー・ロビン、ジョー・ドミンゲス著）という本だ。もう何度も読み直している。刊行から25年がたった今でも新たな世代の読者に受け入れられ、特に「FIREムーヴメント」（Financial Independence, Retire Early＝経済的に独立して、早期に引退する）という考え方を支持する人たちに受け入れられている。

この本は、私の時間と人生の価値観を完全に変えた。人生の貴重な時間を浪費してきたことにも気づかされた。

本書では、金は**「ライフエネルギー」**を表すものだと主張している。

ライフエネルギーとは、人が何かをするために費やすエネルギーのことだ。働くときも、この有限のエネルギーを使っている。

つまり仕事で得た金は、それを稼ぐために費やしたライフエネルギーの量を表している。給料の額は関係ない。1時間働いて稼いだ8ドルであれ20ドルであれ、それを使うことは、1時間分のライフエネルギーを使ったことになる。

私はこのシンプルな考え方にとてつもない衝撃を受けた。「時は金なり」なんて古いことわざより、はるかに心に響いた。「仕事はライフエネルギーを奪い、代わりにお札という紙切れに変えているだけじゃないか」と。

そう考えたとき、世界がそれまでと違う場所に見えた。

私はモノを買うのに必要な時間を計算し始めるようになった。店でお洒落なシャツを見かけたら、値札を確認して暗算した。

「ダメだ、このシャツを買うために2時間も働けない！」

ほかにも、この本には価値あることがいくつも書かれている。

たとえば、「収入は、必ずしも労働の時間単位の価値を表していない」というものだ。

つまり、年収7万ドルの人より年収4万ドルの人のほうが、1時間あたりに得ている価値は大きいかもしれない。

なぜか？　それにもライフエネルギーが関係している。

もし、その仕事に必要なコスト（毎日の長い通勤、高収入の仕事に相応しい身なりをするための衣料費、長時間労働など）が高ければ、年収7万ドルの人のほうが4万ドルの人より貧しくなってしまう。それに、稼いだ金を使って何かを楽しむための時間も少なくなる。仕事を比べるときは、この隠れたコストを考えなくてはいけない。

私にとって、これはクッキーにも当てはまる。私は膝の軟骨に問題があり、一定の体重を保たなければならない。だから美味しそうなクッキーを見ると、そのカロリーをウォーキング時間に換算するのが習慣になっている。

このクッキーには、トレッドミルで1時間歩くだけの価値はあるか？

答えはノーだとは限らないが、ともかくこんなふうに考えることで、クッキーを無自覚に口に入れたりはしなくなる。

収入と時間の問題であれ、食事と運動の問題であれ、**ライフエネルギーを意識すれば、衝動的、習慣的に行動せず、理性的に判断しやすくなる。**

もちろん、すべての仕事《ワーク》（や運動《ワークアウト》）が時間の無駄だというわけではない。仕事には楽しい側面もある。

だが世界の多くの人は、人生は仕事だけではないことを知っている。ヨーロッパの有給休暇の長さを見てもそれはわかる。フランスやドイツでは6週間以上もある。

私が大好きなカリブのセント・バーツ島では、どの店も昼間に2時間シャッターを閉める。家族や仲間とゆったりとしたランチを楽しむためだ。先進国に住む人々より、彼らのほうがはるかにワークライフバランスに優れているのかもしれない。

『Your Money or Your Life』のメッセージも同じだ。

この本は、**金のために人生を犠牲にすべきではない、仕事や物質の奴隷になってはいけない、**と呼びかけている。

「節約人間」への警告

では、そのための経済的自由はどうやって手に入れればよいのか？

『Your Money or Your Life』では、質素に暮らすことをすすめている。なるべく金をかけずに、シンプルに暮らそうというわけだ。

だが、それは私がこの本から学んだ最大のポイントではないし、これから読者に伝えたいことでもない。

私がこの本から学んだ最大のポイントは、**経験の価値を信じること**だ。

何かを経験するのに、必ずしも金はいらない。無料でできることもたくさんある。だが、価値ある経験にはある程度の費用はつきものだ。一生記憶に残るような旅、素晴らしいコンサートのチケット、起業という夢の追求、新しい趣味――。

これらの経験には金がかかる。ときには莫大な額が必要になることもある。だが、それは使う値打ちのある金だ。

心理学の研究でも、人はモノではなく経験に金を使うほうが幸せになれることを示している。モノは買った瞬間の喜びは大きいが、次第にその喜びは減っていく。だが、経験から得る価値は時間の経過とともに高まっていく。私はこれを、「記憶の配当」と呼んでいる（次章で詳しく説明する）。

節約ばかりしていると、そのときにしかできない経験をするチャンスを失う。その結果、世界が必要以上に小さな場所になってしまう。人生は経験の合計だからだ。

では、最高の人生を送るために、経験の価値を最大限に高めるにはどうすればよいか？「生きているあいだに、限りあるライフエネルギーを最大限有益に使う方法とは？」と言い換えてもいい。

この本は、この質問に対する私の答えである。

無駄に金を貯めこんでいる、そこのあなたへ

本書は、もともとアプリの企画として始まったものだ。

多くの人に、限りある人生の時間やエネルギーの最適な使い方を知ってほしい。だが人間は、大量のデータを処理するのが苦手だ。そこで、この種の問題解決に優れたコンピューターの力を借りるため、アプリを開発しようと考えたのだ。

それを本にしようと考えたきっかけは、数年前に「ライフスパン」というクリニックを訪れたときのことである。このクリニックは、ロサンゼルスによくある、患者の長生きを目的としたもので、健康上の問題を早期発見するために、患者にはさまざまな質問が出される。

「睡眠は7時間取れているか？」「結婚生活はうまくいっているか？」「尿のトラブルは

ないか？」といった質問だ。

精神状態をチェックするための、経済面に関する質問もある。そのなかにある「生活資金が足りなくなる不安はないか？」という質問に、私はこう答えた。

「死ぬまでに、金をすべて使い切りたいと思っている」

医師は当惑した表情を浮かべた。

だが、私が人生でいろんな経験をしたいと思っていること、死んだり年を取りすぎてからでは金は使えないこと、だから**「ゼロで死ぬ」**ことを目指すべきだと考えていることを伝えた。

医師は、この質問にそんなふうに答えた患者は初めてだと言った。患者には富裕層が多いが、いつか金が尽きるかもしれないという不安におびえる人がほとんどだという。

その悩みを解消するアプリを開発していることも伝えると、医師は熱弁を振るった。

「それは素晴らしい考えだ！　でも、アプリのユーザーに限定するのはもったいない。本にしたほうがいい。今すぐ執筆を始めるべきだ」

そう言って、ゴーストライターまで紹介してくれた。彼は「ゼロで死ぬ」という私のアイデアの斬新さにひどく共感してくれた。

だが、一方でその考えが、多くの人を不安にさせることもたしかだ。誰もが、金が足りなくなるのを恐れる。私からこの考えを聞いた人の多くも、そんなふうに生きるのは怖いと答える。

一方で、そのうちの多くは非合理な不安を抱いていることが多い。ある程度の経済的基盤があり、適切な計画さえしていれば、金が足りなくなる心配のない人たちのことだ。つまり、**今しかできない経験のために使える金を、無駄に貯めこんでいる人**である。私は、こうした人たちに向けてこの本を書いている。

さよなら、蓄えるだけの人生

私はこの本で、「アリ型」の人に、もっと「キリギリス型」の生き方をすることをすすめようとしている。

つまり、**今味わえるはずの喜びを極端に先送りすることに意味がない**と伝えたい。この本の原則に従えば、ありがちな過ちを避け、金と人生から多くを得られるようになるだろう。

私たちは食べ物をエネルギー源にし、それを生命の維持だけではなく、充実した生活を送るためにも使っている。エネルギーを使って動きまわることで、新たな発見や不思議、喜びに出会い、人生という素晴らしい冒険において、さまざまな経験ができる。そしてエネルギーを処理できなくなったとき、生命は尽き、冒険も終わる。

この本は、この冒険が終わる前に、最大限に人生を楽しむ方法を伝えるものである。その方法は**「経験（それも、ポジティブな）」を最大化すること**だ。

簡単に思えるかもしれないが、人生を最大限に充実させようと、いきなりポジティブな経験ばかりするのは難しい。なぜなら、ポジティブな経験には金がかかるからだ（そもそも、ライフエネルギーを得るための食べ物だってタダではない）。

ライフエネルギーのすべてを経験に変えられるのなら、それはとても効率的だ。でも、現実には金を稼ぐという中間のステップを踏まなければならない。すなわち、ライフエネルギーのいくらかを仕事に費やし、それによって得た金で経験を買う。

人生の満足度を最大限に高めるために、ライフエネルギーのどれだけを金を稼ぐために費やし、どれだけを経験に費やすべきか。その問題の答えは簡単には導けない。人はそれぞれ違うし、考えるべき問題はたくさんある。

つまりこれは、複雑な最適化の問題だ。アプリが便利なのはそのためである。多くの変数を取り込み、高度な計算をすることで、その人に相応しい道を示せる。ただし、どれだけ洗練されたモデルでも、人生の複雑さを完全にはとらえきれない。そもそも、アプリに入力するデータだって完璧にするのは難しい。

だから、この本では、**人生を最適化するための原則・ルール**を紹介していく。私は全知全能の神ではないが、この本で紹介する原則がもたらす価値には絶対の自信を持っている。どれも、あなたの貴重なライフエネルギーをどう配分するかについて、賢く判断するために役立つものばかりだ。

誰も完璧な配分など達成できない。だが、これらの原則をあなたの人生に当てはめていくことで、限りなく〝最適〟に近づくことができるだろう。

私の一番の願いは、この本を通じて、一人でも多くの人が、漠然と流されるように生きるのではなく、明確な目的と意図を持って人生について考えるようになることだ。**明確な将来の計画を持ち、同時に今を楽しむことも忘れない**。そんな生き方をしてほしい。

私たちはみな、人生という名の一度きりのジェットコースターに乗っている。このジェットコースターを最高にエキサイティングで、爽快で、満足いくものにするための方法を、これから一緒に考えていこう。

実践しよう

- 人生で何を経験したいのかを真剣に考えよう。どれくらいの回数、それを味わいたいだろうか？　些細なものでも壮大なものでもいい。タダでも高価でも、チャリティでも快楽主義的なものでもかまわない。とにかく、有意義で思い出に残るものという観点から、一度きりの人生で本当に何がしたいのかを考えてみよう。

RULE 2

START INVESTING IN EXPERIENCES EARLY

ルール2
一刻も早く経験に金を使う

借金してでも絶対にすべきこと

20代前半の頃、ルームメイトだったジェイソン・ルッフォ（マンハッタンでピザオーブンほどのスペースで暮らしていたときのアパートをシェアしていた、あの友人だ）が、3カ月仕事を休んでヨーロッパへのバックパック旅行に行くと言い出した。

彼も私も、同じニューヨーク証券取引所のフロアで雑用係をしていた。年収はどちらも1万8000ドル。

休職したジェイソンは、旅行資金を工面するために、高利貸しから1万ドルを借金した。もちろん、この手の業者が担保なしで金を貸すのは、いざというときに荒っぽい取り立て手段を持っているからだ。

私はジェイソンに言った。

「頭でもおかしくなったのか？　金を返せなかったら足の骨くらいは折られるぞ！」

心配していたのは友人の身の安全だけではない。ヨーロッパに行けば、昇進の機会も逃すかもしれない。

私にとってそれは、月に行くのと同じくらい突拍子もないことに感じた。もちろん一緒に行くなんて想像もできなかった。

だが、ジェイソンはもう腹を決めていた。これといった予定も決めず、単身ロンドンへと飛び立っていった。

そして数カ月後、旅を終えて戻ってきたジェイソンは再び証券取引所で働き始めた。結局、彼と私との収入に差がついたりはしなかった。

むしろ、ヨーロッパでの体験談を聞いたり、写真を見せてもらったりしているうちに、同じ時間を過ごしながら、彼が私よりもはるかに人生を豊かにしていたことがわかった。

これは1990年代前半の話である。高速のインターネットもグーグルアースもない。現地を訪れずにプラハがどんな場所かを知るには、大型の写真集を眺めるくらいしか方法がなかった。

ジェイソンの話に耳を傾けながら写真を見ていると、まるで秘境を旅した探検家から冒険談を聞かされているような気分になった。

ドイツでは、ナチスドイツがユダヤ人を収容するのに使ったダッハウ強制収容所の跡地を見学し、凄惨な歴史を目の当たりにしたという。スロバキアと分離して誕生したばかりのチェコ共和国では、共産主義の支配下での生活がどんなふうだったかを直接、人々に尋ねたそうだ。パリでは旅の途中で知り合った友人2人と午後の公園に行き、チーズとバゲットをつまみにワインを飲んだ。「そのときに、これからの人生で何でもできるような高揚感に包まれたんだ」と彼は語った。

その後は、ギリシャの島々を転々として過ごしたという。その途中で女性に恋をし、生まれて初めてビーチで愛し合ったりもした。地元の人々や世界中の若い旅人と触れ合うことで、自身や人間、文化についても多くを学んだ。自分の世界が開かれていくのを感じた、と彼は語った。

ジェイソンが旅を通じて得た経験や、数多くの出会いは素晴らしいの一言だった。私は嫉妬し、一緒に旅しなかったことを後悔した。ときがたつにつれ、後悔の念は増すばかりだった。

後に、一念発起してヨーロッパに旅に出た。だが、30歳のタイミングでは遅すぎた。もう、ユースホステルに泊まり、20代前半の旅人たちと和気藹々《あいあい》とできるような年ではない。仕事上でも数年前より責任ある立場になっていたので、個人的な旅行のために何カ月も休暇を取るのは難しかった。

残念だが、この旅はもっと若いときにすべきだった——。

そう結論を導かざるをえなかった。

一方のジェイソンは、人生の良い時期にヨーロッパへ貧乏旅行ができたと言う。

「今はもう、若者であふれるユースホステルの大部屋で、素っ気ない二段ベッドに寝るなんてできないし、30キロ近くもあるバックパックを背負って電車に乗ったり街を歩いたりもしたくないよ」と。

ジェイソンは、実際に旅をした。だから、その後何年も「あのときヨーロッパに行けばよかった」という思いを抱えたまま生きる必要はない。高金利の借金を抱えはしたが、微塵も後悔はしていないという。

「たしかに返済は大変だった。でも、あの旅で得た人生経験に比べれば安いものさ。誰も僕からあの体験は奪えない。**仮にどんなに大金を積まれても、僕はあの旅の思い出を消そうとは思わない**」

ジェイソンは金では買えない、かけがえのない体験を得たのだ。

一方で、当時のジェイソンが旅に出たのは、単なる思いつきにすぎなかった。長期的な人生計画を立てていたわけでも、若いうちに経験に投資しようと意識していたわけでもない。ある意味、直感に従った結果、素晴らしい決断ができたのは幸運だったと言える。

一般的に、本能的な行動は必ずしも良い結果にはつながらない。むしろ、誤った道に迷い込んでしまうことのほうが多い。

この本の大きな目的も、直感や本能に頼るのではなく、人生を豊かにする経験を意図的に選択する方法を示すことだ。データや論理に基づき、何をすべきかをよく考えることが、最善の決断につながっていく。

人生で一番大切な仕事は「思い出づくり」

この章ではまず、**なぜ経験が大切か**を、改めてあなたに理解してもらいたい。そして、一刻も早く経験への投資を始めるべきであることを心に刻んでほしい。

人生は経験の合計だ。**あなたが誰であるかは、毎日、毎週、毎月、毎年、さらには一生に一度の経験の合計によって決まる。**最後に振り返ったとき、その合計された経験の豊かさが、どれだけ充実した人生を送ったかを測る物差しになる。

だからこそ、この人生でどんな経験をしたいのかを真剣に考え、それを実現させるために計画を立てるべきだ。そうしなければ、社会が敷いたレールのうえをただ進むだけの人生になってしまう。いつかは目的地（死）にたどり着くが、その道のりは自分自身が選びとったものではない。

残念ながら、そんな人生を生きている人は多い。こう言い換えてもいい。彼らは人生という名の井戸から、毎日ポンプで水を汲んでいる。だがその水を、小さなコップでしか受けていない。コップはすぐにいっぱいになり、水が溢れてしまう。こうして喉の渇きを十分に潤せないまま時は過ぎ、人生の終わりを迎えるのだ。なんともったいないことだろうか。

人生最後の日に、満足のいく経験に満ちた人生を送れなかったと気づいたときの後悔がどれほど大きなものか、想像してみてほしい。テレビドラマ『ダウントン・アビー』の執事、カーソンはこのことを見事に表現している。

「人生でしなければならない一番大切な仕事は、思い出づくりです。最後に残るのは、結局それだけなのですから」

素晴らしい言葉だが、うっかりすると片方の耳からもう一方の耳に抜けていってしまいそうにもなる。その場では、なるほど、そうだなと共感してうなずいていても、すぐにいつもの日常に戻ってしまう人は少なくない。私もそうだった。

だが、晩年を迎えていた父との経験が「人生の仕事は思い出づくり」という考えの重さを教えてくれた。

晩年の父は肉体的にかなり衰弱していて、もう遠くにバケーションに行くことはできなくなっていた。

だから私は、旅行の代わりに、自分でも気恥ずかしくなるような贈り物をした。

それは、思い出の映像がたっぷりつまったｉＰａｄだ。

父は大学時代、アイオワ大学でフットボールをしていた。同大学のホークアイズがローズボウルを制覇した１９５９年にもチームの一員だった。私はその輝かしいシーズンの映像を探し出し、デジタル化してｉＰａｄで再生できるようにした。

人は誰でも、常に思い出を通して人生の出来事を再体験できる。私はこのプレゼントで、父の思い出が鮮やかに蘇ることを願った。

幸い、父はとても気に入ってくれた。椅子に座り、画面に映し出される映像を見ながら、笑い、泣き、思い出に耽《ふけ》っていた。老いた父には、もう人生の新たな経験は望めない。それでも栄光のフットボール部時代の動画から、大きな喜びを引き出すことはできた。人生最高のプレゼントだと褒めてくれたくらいだ。

私はそのとき、**人生の最後に残るのは思い出**だと改めて感じた。

身体が弱って思うように行動ができなくなっていても、それまでの人生を振り返ることで、大きな誇りや喜びを味わい、甘酸っぱい思い出に浸ることができる。

「人生の最後に残るのは思い出」という考えは、私たちが老後について一般的に耳にする考えとは正反対である。

私たちは、「老後に向けて貯蓄しよう」といったメッセージを常に耳にしている。子どもの頃から「いざというときのためにお小遣いを貯めておきましょう」と聞かされて育ち、大人になっても同じことを言われ続ける。

アリとキリギリスの寓話の有名な結末は、アリが穀物を収穫して満足そうな（得意気な）顔をしている一方で、夏に遊んで蓄えを使い果たしたキリギリスがお腹を空かせているというものだ。

どちらの生き方が正しいとされているかについては議論の余地がない。もちろん、間違っていたのは将来を考えず、刹那的な生き方をしたキリギリスのほうだ。

ただ、誤解しないでほしい。私は誰もがキリギリスのように生きればいいと言いたいのではない。人生の冬に備えて蓄えなくてもいいとも言わないし、経験のためならどれだけ金を使ってもいいとも言わない。そんなのはバカげている。

私が言いたいのは、現代の社会では、勤勉に働き、喜びを先送りすることを美徳とする、アリ的な生き方の価値が持ちあげられすぎているということだ。その結果、キリギリス的な生き方の価値が軽視されすぎている。

つまり、**キリギリスはもう少し節約すべきだし、アリはもう少し今を楽しむべきなのだ。**この本の目的は、アリとキリギリスの生き方の中間にある最適なバランスを見つけることだ。

経験をポイント化してみよう

「人生は経験の合計」というのは、単なる比喩ではない。

数値をつけることで、実際に経験を合計できる。さまざまな経験の価値を比較できるようにもなる。これが人生の充実度を高める大きな一歩になる。

具体的には、**各体験から得られる喜びをポイントで表現する**ことから始める。

ゲームでポイントを獲得するのと同じ要領だ。最高に楽しい体験には多くのポイントを、小さな喜びが味わえる体験には少しを与える。どの経験にどれだけポイントを割り当てるかはあなた次第だ。人によって価値観や興味の対象は違うからだ。

たとえば、ガーデニングが何よりも好きな人にとって、毎日の庭いじりは高いポイン

直近7年間の経験をポイント化した例

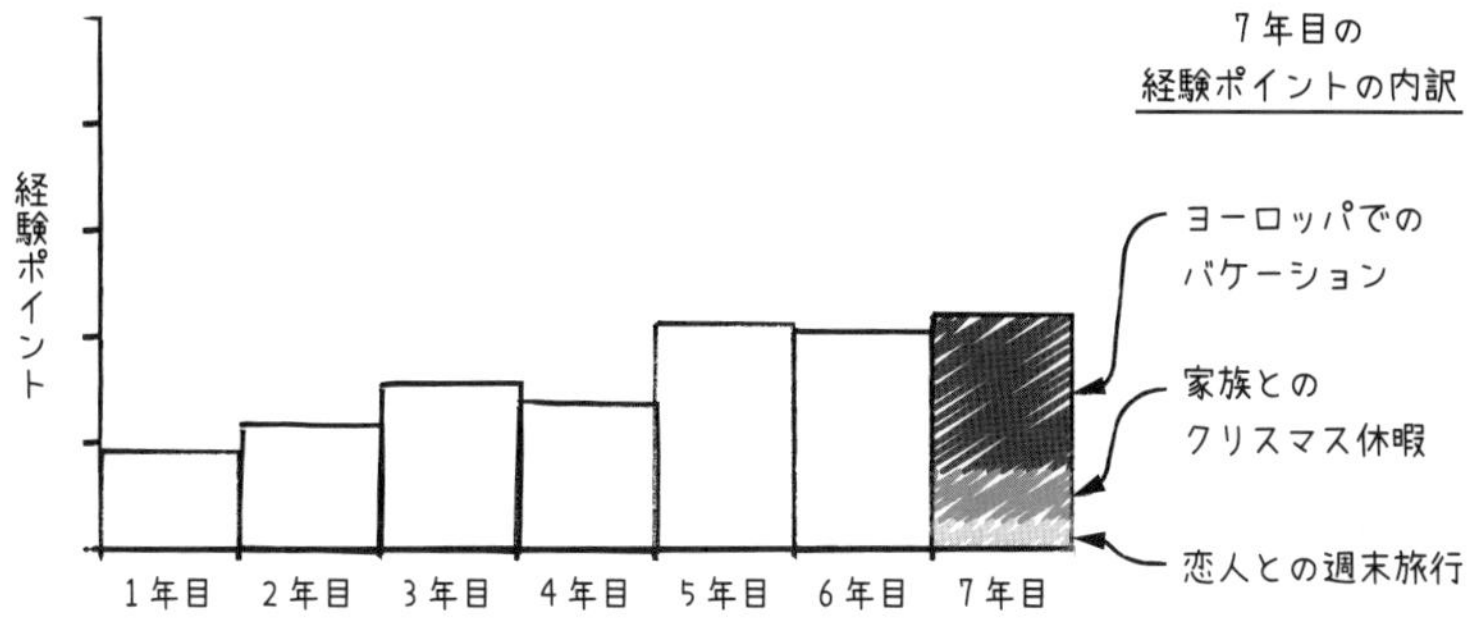

トになる。反対に、金でももらわない限り庭木の手入れや草むしりなんて嫌だという人にとって、ガーデニングはゼロポイントになるだろう（このシステムには、マイナスポイントはない）。

ある年の経験のポイントをすべて足せば、その年の合計ポイントが得られる。この数値は棒グラフで表せる。数値が大きいほど棒は高くなる。とてもシンプルだ。

この方法で、あなたのこれまでの人生のすべての年の合計ポイントを棒グラフにしてみよう。すると、他よりも高くなっている年と、低くなっている年が出てくるはずだ。

その理由には、私たちが自分ではコントロールできないものに影響を受けたケースもあるだろう（たとえば、交通事故のためにずっと病院のベッドで過ごした年があれば、おそらく楽しい経験はあまりできない)。

ただし、この本では、それについては議論しない。自分の決断によってコントロールできるモノゴトだけに焦点を当てる。

なかでも重要なのは、**「どの年齢で、どれくらい金を稼ぎ、どれくらい楽しい経験に金を費やすか」**だ。これは、アリとキリギリスが直面した仕事と遊びのトレードオフに似ている。

これを自らの意思でコントロールしていくことで、あなたはグラフの棒の高さを変え、人生の満足度を表す曲線の形を変えていけるようになる。これらのトレードオフをどう実現させるかについては後ほど詳しく説明する。

今の段階では、**人生は経験の合計**であるということを理解しておいてほしい。

「思い出の配当」はバカにできない

そもそも経験が投資対象に見なせるのかについて考えてみたい。

経験には時間と金がかかるが、実現することで喜びも得られる。だから、経験それ自体に価値があることはわかってもらえるはずだ。

では、なぜ経験を将来への投資だと見なせるのか。

まず、投資とは何かについて考えてみよう。

投資と聞くと、株式や債券、不動産といった言葉を思い浮かべる人は多いはずだ。これらの投資に共通するのは、将来の収入を生み出すためのメカニズムだということだ。たとえばＩＢＭの株を買うとき、後で購入額よりも高く売却して利益を得ることを考える。少なくとも、毎年いくらかの配当を手にすることを期待する。

不動産投資も同じだ。物件を購入するときは、後で転売して利益を得るか、誰かに貸して家賃収入を得ることを考える。製造業の会社がそれまでの2倍の速さで製品をつくれる機械を購入するとき、それも投資になる。

では次に、このアイデアを少し広げて、普段はそれを投資だとは見なしていない領域にも当てはめてみよう。

たとえば、大学に通う子どもがいる親は、なぜ毎年数万ドルもの学費を支払うのだろうか。それは、それだけの価値があると考えているからだ。親は、子どもたちが大学で高度な知識や学位を獲得し、大学教育を受けなかった場合よりも高収入が得られると信じている。

だが、子どもが何を学ぶかによって、その学位の価値について懐疑的になる親もいる。

たとえば、息子がヒマラヤ地方の伝統的なカゴづくりを学ぶために大学への進学を望んでいるとする。このとき、もし親が「ロボットが同じカゴを精巧に製造できるようになっているから、もうじきこの仕事はなくなる」というニュースを見たら、積極的に学費を払いたいとは思えなくなるだろう。

親はこのとき、賃貸物件や製造機器の購入を検討している人たちと同じように、投資的な判断をしているといえる。実際、経済学でも、教育への支出は「人的資本への投資」と呼ばれることがある。

こんなふうに、私たちは自分や人に投資をしている。将来的に見返りが得られると思えば、いつでも投資ができる。

では、ここからさらにこのアイデアを押し広げ、「投資によって得られる見返りは、金銭的なものでなくてもいい」と考えてみよう。

たとえば父親が娘に泳ぎ方や自転車の乗り方を教えるのは、その新しいスキルを身につければ将来的に彼女が給料の良い仕事を得られると思っているからではない。

経験も同じだ。時間や金をかけて何かを経験するのは、その瞬間を楽しむためだけではない。**経験は私たちに、尽きることのない「配当」を与えてくれる。**

それが、ルール1でも触れた「**記憶の配当**」だ。

経験は、継続的な配当を生み出す。なぜなら、人間には記憶があるからだ。私たちはSF映画の登場人物とは違い、朝、過去の記憶が一切消された状態で目を覚ましたりはしない。頭のなかには、すぐに取り出せる記憶がぎっしり詰まっている。

記憶は私たちが現実世界でうまく生きていくために欠かせない。たとえば目の前に「丸いノブが突き出た大きな長方形のパネル」が現れたとき、私たちは毎回「これは何だろう？」と考え込んだりはしない。過去の記憶から、それがドアだということを瞬時に理解できる。もちろん、そのドアを開く方法も知っている。

つまり、ドアがどんなものかを一度学べば、生涯にわたって大きなリターンが得られる。死ぬまでに、何度ドアを開けるかを考えてみてほしい。

バカげた喩《たと》えかもしれないが、記憶を将来への投資だと考えれば、その効用を理解しやすくなる。記憶は配当を生み出し、私たちの生活を豊かにしてくれる。

自宅の台所でコーヒーを淹《い》れている人を見たとき、私たちはその人を見知らぬ誰かとして接したりはしない。相手が自分の愛する人であることも、なぜその人を愛しているのかも知っているからだ。その人と親しくなった経緯、過去の会話、共有してきた経験が、相手に対して抱く今の気持ちをつくっている。

経験に投資する場合も同じだ。**経験からは、その瞬間の喜びだけではなく、後で思い**

出せる記憶が得られる。

たとえば、ファースト・キスのことを思い出したとしよう。

それが楽しい経験だったのなら、甘酸っぱい気持ちになるかもしれない。あるいは、歯に矯正用のブリッジをつけていたせいで恥ずかしかったことを思い出して、クスリと笑うかもしれない。こうして、元の経験を心のなかで追体験し、さまざまな感情を蘇らせることができる。

元の経験に比べれば、記憶から得られる喜びはほんのわずかかもしれない。それでも、その思い出はかけがえのない宝物だ。

ジェイソンがどれだけ金を積まれてもヨーロッパのバックパック旅行の思い出を失いたくないと言ったのもそのためだし、人が大切な写真をアルバムに保管し、火事のときに真っ先に持ち出そうとする理由もそうだ。危機が迫った瞬間、人は本能的に、金で買い直せるモノではなく、失われたら二度と取り戻せない思い出の品を守ろうとする。

経験を増やすと、雪だるま式に幸せになれる

記憶の配当は、とても強力で価値がある。ＩＴ企業もそれをうまく活用している。

フェイスブックやグーグルフォトを使っていると、「3年前の今日、こんなことがありました」というメッセージと共に、当時の写真が表示されることがある。ユーザーは懐かしい気持ちになり、その写真に写っている誰かに連絡したくなる。そして、このアプリをますます使いたいと思うようになる。

一昔前は、友人や家族との、「ねえ、あのときのこと覚えてる？」という会話がきっかけとなって昔のことをよく思い出したものだった。だが、今ではＳＮＳがその役割を果たし、人々の記憶の配当を刺激して収益を上げている。

あなたも当然、記憶の配当から価値を引き出せる。だがそのためには、まずは思い出づくりから始めなければならない。

とても楽しかった休暇旅行のことを思い出してほしい。その旅行についてあなたは、友人に話したり、自分一人で旅の回想をしたり、一緒に旅した人と思い出話に耽ったり、同じような旅行の計画を立てている誰かにアドバイスをしたりしたはずだ。

こんなふうに、**元の経験から副次的に生まれる経験は、まさに記憶の配当**だと言える。その経験は、積み重なっていく。忘れがたい旅を振り返ることで、どれくらい多く、豊かな時間を過ごせただろうか。繰り返し思い出すことで、元の経験よりも多くの喜びが得られることだってある。

金を払って得られるのは、その経験だけではない。その経験が残りの人生でもたらす喜び、つまり記憶の配当も含まれているのだ。

先ほど、経験にポイントを与え、棒グラフにした。ここに、元の経験を思い出すたびに得られる喜びのポイントを加算してみよう。

記憶の配当によって絶えず積み重ねられていくポイントを加えていけば、銀行預金が複利によって雪だるま式に増えていくように、元の棒の高さを超えることだってある。

特に、経験の思い出を誰かと分かち合うときがそうだ。自分が経験したことを、誰かに話す。その経験をネタにして笑い合い、絆を深め、アドバイスする。

すると、そのこと自体が経験になる。あるビジネスが別のビジネスを生むのと同じだ。良い経験はまわりに伝染する。自分が思っている以上の、ポジティブな連鎖反応が起こる。1足す1が2以上になる。

だからこそ、私たちは経験に投資すべきなのだ。

一方で、経験に投資することに慣れている人は少ない。だから、いざ投資をするとなると、経済的な利益にばかり目を向けてしまう。

中米にある別荘の購入を検討し、私にアドバイスを求めてきた友人のポーリーもそう

直近7年間の経験をポイント化した例（記憶の配当を加えたもの）

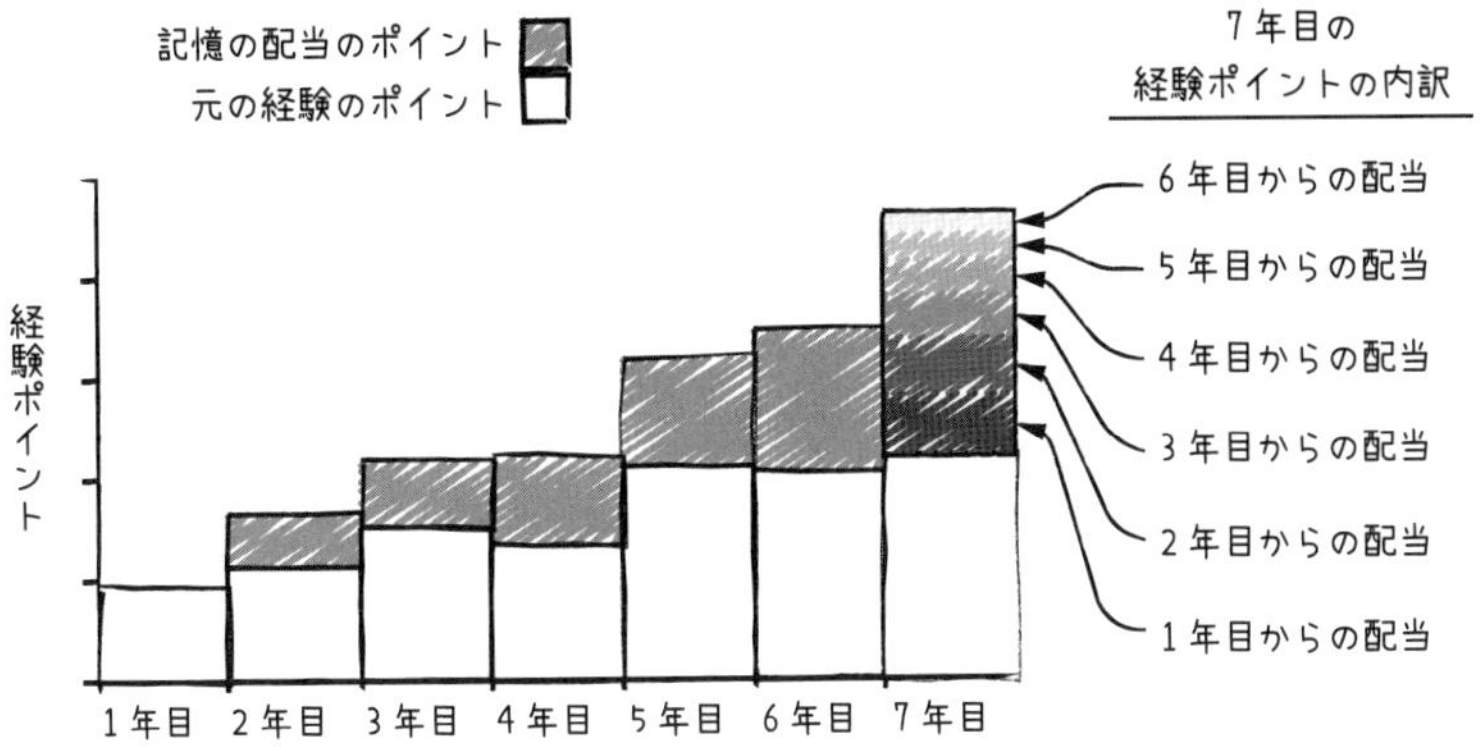

経験は記憶という形で喜びを与え続けてくれる。積み重なった記憶の配当のポイントが、元の経験を超えることもある。

だった。彼は金利や税金対策のことで頭がいっぱいで、これを難しい投資判断だととらえていた。

「これは良い不動産投資になるかな？　10〜15年間くらいで十分なリターンが得られるかどうか、意見を聞かせてくれ」

　それに対し、私は根本から発想を変えるべきだとアドバイスした。

「金のことはいったん忘れるんだ。そして、その物件を買うことで何が手に入るかをまっさらな頭で考えてみればいい。いいか、君は私と同年代だ」

　私は彼に年齢のこと（もう若くはないこと）を思い出させた。

「この物件を、自分自身のためにどれくらい使うつもりかを考えるんだ。どのくらいの頻度で宿泊し、そこで何をするか？

もし、頻繁にそこを訪れ、素晴らしい休暇を過ごし、子どもたちとの絆を深め、家族や友人とかけがえのない時間を過ごせるのなら、それは最高の買い物になるはずだ。

だが、単なる投資のためだけにこの物件を買い、毎年3％のリターンを得ることだけを望んでいるなら話は別だ。外国の不動産物件を買って3％のリターンを稼ぐのは珍しいことではないし、人生が変わるような体験にもならないだろう。なにもこの物件を買わなくても、他にいくらでも投資先がある。

ましてや50歳からこの投資を始めるなら、この3％は特に大きな意味を持たなくなる。だが経験に投資すれば、たとえ50歳であっても、人生を変えられる可能性がある」

不動産に投資する人の多くがそうであるように、ポーリーは経験ではなく、金銭的な見返りのことばかり考えていた。**金を得るのは人生を豊かにするためであることを忘れて、ただ稼ぐことばかりを考えている人**と同じように。

「老後の備え」より大切なこと

人生にリターンをもたらす経験はさまざまだ。

何かを学ぶ、スキーをする、子どもたちの成長を見守る、旅行をする、友人と美味しい食事を楽しむ、世の中を変えるための活動をする、コンサートを鑑賞する——。

私たちはそのような経験をするために金を稼ぐ。その経験に金を使えば、記憶の配当によって、金融商品への投資と同じようにリターンが得られる。

ときに、そのリターンの割合はとてつもなく高くなる。借金をして一人旅をしたジェイソンの場合がそうだ。だから彼は、どれだけ金をもらってもヨーロッパ旅行の記憶を消したくないと言った。

もちろん、すべての経験が人生を変えるようなものになるわけではないし、とてつもないリターンをもたらすわけでもない。それでもどんな経験からでも、リターンは得られる。だからこそ私たちは経験を買う。

多くの人は、何のために稼ぎ、金を貯め、投資するのかを忘れているように見える。何のために貯金しているのかと尋ねると、たいていの人は「老後のため」と答える。

もちろん、それは正しい。私たちは将来のために老後資金を貯め、それを増やすために投資すべきだ。老後にひもじい思いはしたくないし、子どもたちに金銭的なサポートをさせたくもない。

だが、年を取れば取るほど、行動に移せる経験の種類は減っていくこともまた事実だ。

もちろん、老後の備えは必要だ。

だが、老後で何より価値が高まるのは思い出だ。

だから私はあなたに、できるだけ早く経験に十分な投資をしてほしいと考えている。記憶の配当について考え始めると、「善は急げ」だということがよくわかるようになる。経験への投資が早ければ早いほど、記憶の配当はたくさん手に入る。20代に何かを経験すれば、30代で経験したのに比べて長い期間、記憶の配当を得られ続ける。リターンの合計が元の経験を上回ることさえある。逆に、死の間際で何かを経験しても、もらえる記憶の配当は少なくなる。

だから、**とにかく早い段階で経験に投資すべきだ。そうすれば、年齢を重ねるほどに驚くほど多くのリターンが得られる。**

「人生の早い段階から経験に投資しろといわれても、金がないからどうしようもないよ」と思った人もいるかもしれない。だが金がなくても工夫次第で経験への投資はできる。

人生を豊かにする経験に時間と金がかかるのは事実だ。投資する時間と金が多いほど、経験から得られる満足度も高くなる。

だが、若くて元気で、好奇心に満ちた人なら、金をかけなくても経験から大きな喜びを引き出せる（ジェイソンも安ホテルに泊まり、公園でバゲットを食べるような貧乏旅行をしたが、それが一生の経験になったように）。

若くて金がない人は、自分にできる経験を探そう。たとえば、自治体が開催している無料の野外コンサートやフェスティバルに参加してみる。友人と話す、ただ一緒にすごす、トランプやボードゲームを楽しむといったことでもいい。徒歩や公共交通機関を使って、地元の街を探索してみれば、いろんな出会いや発見があるはずだ。

こんなふうに金をかけずに楽しめる機会を十分に活用している人は少ない。ぜひ試してみてほしい。

実践しよう

- 「早い段階」とは、「今」のことだ。あなたが望む経験のうち、今日、今月、今年中に投資できるものはないだろうか。腰が重いと感じたら、「今」それをしないことのリスクを考えてみよう。
- 一緒に経験したい誰かのことを思い浮かべてみよう。先延ばしにせず、今その経験をすることで、この人たちと共にどれだけの記憶の配当が得られるかを想像してみよう。
- 記憶の配当を多く得る方法を積極的に考えてみよう。経験をしている最中にたくさん写真を撮る、その経験を一緒にした人たちとの再会を計画してみる、動画やフォトアルバムを編集してみるなんてどうだろう?

RULE 3

AIM TO DIE WITH ZERO

ルール3
ゼロで死ぬ

スタバのコーヒーを毎日買っているあなたへ

人生では、しなければならないことが大量に押し寄せてくる。特に、子どもの頃はそうだ。

まず、学校に行かなければならない。おまけに理科の授業では、カエルを解剖しなければならない。どんなに嫌でも教師に従わなければ「F」の成績をつけられる。だから渋々、カエルを解剖する。

だが大人になれば、選択肢が増える。どんなふうに生きるか、時間と金を、いつ、どこに投資するかは自分で決められるようになる。にもかかわらず、残念ながらこの自由を十分に活用している人は少ない。

もちろん、誰でもある程度は仕事や趣味、人間関係、旅行先などについて、意識的な選択をしながら生きている。それでも、日常生活の大半は、誰かがつくったプログラム通りに行動しているかのように無自覚に生きている。**時間と金をどのように使うかについて十分には考えていない**のだ。

それは、毎日のコーヒーの習慣を見てもわかる。一杯のラテのような小さな出費の切り詰めが長い目で見て大きな節約になることは、「ラテ・ファクター」という言葉で表現される。

毎朝、コーヒーショップに立ち寄り、決して安くはないコーヒーを買い、一日を始める人は多い。だが、このちょっとした贅沢が、1年間でどれほどの額になるかに気づいていない。

毎朝コーヒーを買う習慣をやめて、浮いた金を死ぬまで懐に入れろとすすめているわけではない。金があるのに、それを楽しい経験に使わないのは避けてほしいといっているのだ。毎朝、モカやラテ、フラペチーノを買うために費やしている年間数千ドルもの大金があれば、他にどんな経験ができるかを想像してみてほしい。

「でも、スターバックスのコーヒーを飲むのを楽しみにしているから」と反論する人も多い。人の好みはそれぞれだ。それ以上議論すべきではないだろう。

だが、それでも私は、「少なくとも、この習慣がなければ、他に何ができたかを頭の片隅において、毎朝のコーヒーを楽しんでみてほしい」と言う。

たとえば、スターバックスで毎日コーヒーを買う金を貯めれば、数カ月ごとに国内旅行の飛行機の往復チケットくらいは手に入れられる。

「航空券を何枚も買える金を使ってまで、コーヒーの習慣を続けるべきか？」と自問し、それでも納得できるならスターバックスに立ち寄ってラテを買えばいい。

いずれにせよ、自分の行動について積極的に考え、自らの意思で判断を下すことを習慣にすれば、「自動運転モード」な生き方はやめられるようになる。

金と時間の使い方をよく考えて選択していくことは、人生のエネルギーを最大限に活用するための基本である。

「金を稼ぎたい中毒」の末路

「自動運転モード」で生きるのはラクだ。改めて何かを考えたりする必要がないからである。だからこそ、私たちはこのモードを選んでしまう。

だが人生を最大限に充実させたいのなら、このモードに留まっていては望むものは得られない。**人生を存分に楽しむには、無意識な自動運転をやめ、自らの意思で思う方向に操縦していかなければならない。**

この本を読んだ人が、今までよりずっと意図的に生きるようになる。それが私の大きな願いだ。だからこのメッセージは、以降でも繰り返し伝えていく。これは金の稼ぎ方から使い方まで、人生のさまざまな分野に当てはまるからだ。

自動運転モードにはいくつものタイプがある。そして、それぞれが違った形でライフエネルギーを無駄にしている。その状態を打開するには、それぞれ異なるアプローチが必要になる。

この章では、無意識にひたすら大金を得ようとあくせく働いたり、貯金したりする人を救う解決策を見てみよう。

友人のジョン・アーノルドもその一人だった。

後に億万長者になるジョンは、私と知り合ってから数年後、ケンタウルスという名のヘッジファンドを立ち上げた。目的は、エネルギー取引の専門知識を活かして財産を築き、良い人生を送ることだ。

ほどなくして私もケンタウルスで働き始めた。ジョンは大金を稼ぎ出した。だが、良い人生を過ごしているようには見えなかった。

そしてある日、ヘトヘトになるまで働いた後、ジョンは私のほうを振り返ってこう言った。

「もし僕が1500万ドルを稼いでもなお仕事を続けようとしていたら、ぶん殴ってくれ」

しばらくして、その目標は達成された。私は彼の顔にパンチを見舞ったりはしなかった。そして、ジョンは働き続けた。

ジョンは実に優秀だった（その頭抜けた能力のため「天然ガスの王」と呼ばれていた）。そして、一定の富を築いたら、残りの人生は好きなことに金を使って過ごすほうがずっと意味があることもよく理解していた。

それでも、引退までに稼ぐべき目標額は上がり続けた。1500万ドルどころか、やがてそれは2500万ドルになり、最終的には1億ドルになった。

そんなふうに儲かり続けていると、合理的に考えて仕事をやめるのは難しくなる。

もちろん、ジョンは完全に仕事漬けというわけではなく、たまに旅行に出かけることもあった。だがそれは、世間がイメージする大富豪の豪華で優雅な旅とはほど遠い。むしろ、富が増えるにつれ、余暇の時間は減っているように見えた。ジョンはもっと金を稼げば、もっと人生が豊かになると思っていた。しかし、実際にはそうではなかった。

結局、純資産が1億5000万ドルに達しても、ジョンはトレードをやめなかった。心から仕事が好きだというわけでもないのに、だ。

その後、38歳で働くのをやめたとき、資産は40億ドルに膨れあがっていた。38歳の若さで引退するなんて、ほとんどの人にとっては夢のような出来事だ。だがジョンにとって、それは数年遅すぎた。

30代の価値ある時間が過ぎ去り、その割に稼いだ金も使いきれないほどに膨れ上がっていた。

金を稼ぐことだけに費やした年月は二度と返ってこない。ジョンは二度と30歳にはなれないし、子どもたちが赤ちゃんに戻ることもない。せっかく富を築いても、すでに豪邸に住んでいるし、欲しいものは手に入れている。

もちろん、その気になれば、毎週土曜日に自宅の裏庭で超人気のポップバンド、マルーン5にプライベートコンサートを開いてもらうこともできるだろう。だが、ジョンはそんな贅沢はしない。子どもたちを甘やかしたくないからだ。

「もし1500万ドルを稼いだ時点で仕事をやめていたら、40億ドルもの資産を手にすることはできなかった」とジョンは言う。莫大な富を手にしたからこそ、関心のある社会問題のために寄付できるようにもなったとも考えている。

一方で、ジョンはもっと早い時点で稼ぐのをやめるべきだったとも考えている。

その時点が20億ドルだったのか、15億ドルだったのかはわからない。いずれにせよ、40億ドルより前だったのは間違いない。

ジョンが大富豪になった後も仕事を続けたのは、働くのが楽しかったからだという人もいるかもしれない。トレーディングのスリルが、日常の経験よりもはるかに刺激的だったのではないか、と。

だがそれは違う。ジョンは、**単に働くことが習慣になっていただけだ**。10代の少年が女の子にモテたいがためにタバコを吸い始め、その後も禁煙しないのと同じだ。中毒になり、その習慣をやめられなかったのだ。

「必要以上に稼ぐために働くこと」をやめるのは難しい。なにしろ働けば、「金」という社会に公然と認められた形の報酬が与えられるからだ。だから、それは簡単に習慣になる。

もちろん、ジョンの例は極端なケースだ。彼と同じような人生を送る人などめったにいない。だがジョンがはまった心理的な状況は、決して特別なものではない。それは超富裕層だけの問題ではないのだ。

どれだけ働いて金を稼いでも、まだ稼ぎ足りないと感じる人は多い。資産が増えるにつれてゴールポストも動き続ける。それは収入の量とは関係ない。

真実は1つだ。

莫大な時間を費やして働いても、稼いだ金をすべて使わずに死んでしまえば、人生の

貴重な時間を無駄に働いて過ごしたことになる。その時間を取り戻すすべはない。

100万ドルの資産を残して死んだら、それは100万ドル分の経験をするチャンスを逃したということだ。たとえそれが5万ドルだとしても、5万ドル分の経験をするチャンスを逃したということになる。

それでは、最適に生きたとは言えない。

2年半タダ働きした女性の話

使わない金を稼ぐために、どれだけ人生の時間が無駄になるかについて、もう少し考えてみよう。

ここでは架空の45歳の独身女性、エリザベスを例にする。彼女はテキサス州オースティンの会社で事務職として働き、年収は6万ドル。これは、アメリカ人の45歳の平均年収を上回る額だ。

所得税や社会保険料などを差し引いた可処分所得は4万8911ドル。勤勉で、週平均50時間働く彼女の正味の時給は19・56ドルだ。これが、エリザベスがオフィスで1時間過ごすことで得られる額になる。

質素なライフスタイルのおかげで、大学を卒業して数年後には学生ローンを完済している。30代前半に購入したマイホームの住宅ローンも完済した。この家は、売れば45万ドルになる。

昨年は例年並みの3万2911ドルを使った（1万6000ドルを貯蓄できた）。20年後の引退を望んでいるため、給料のかなりの部分を401kプラン（確定拠出型年金）と銀行に預けている。401kプランには税引き前の金を積み立てられるので、通常の普通預金口座に預けるよりも得だ。

エリザベスは大企業に勤めていて、会社からも信頼されている。だから雇用は安定しているし、退職まで毎年わずかな昇給も期待できる。ただし、ここでは話をシンプルにするために、退職まで給料の額は変わらないことにする。また、家のローンを完済したことを除けば、45歳まで老後資金は貯めていなかったことにする。

この条件で計算すると、エリザベスは65歳で定年退職した場合、32万ドル（45歳から65歳までの20年間、毎年1万6000ドル）を貯められることになる。持ち家の資産価値（変わらないものと仮定する）である45万ドルを足すと、65歳の退職時の資産は77万ドル。

この77万ドルで何年生活できるかは、毎年の生活費次第だ。研究によれば、退職後の生活費は毎年一定ではなく、高齢になるほど少なくなる。だがここでも話を単純にするために、エリザベスは年間3万2000ドルを使うと仮定する（金融資産から得られるリターンも物価上昇と相殺されるものとする）。

この前提だと、彼女は24年弱生活できる（77万ドル÷3万2000ドル）。だがエリザベスが退職から20年後、85歳のときに亡くなったとすると、13万ドルの資産を使わないことになる。

このとき、エリザベスは**13万ドル分の経験を逃してしまった**ことになる。

それ自体が残念なことだが、それだけではない。これだけの金を貯めるために、エリザベスはどれだけの時間を費やしたのだろう。13万ドルを19・56ドルで割ると、6646時間になる。

そう、エリザベスは生きているうちに使い切れない金を稼ぐために、こんなにも長い時間を費やしたのだ。週50時間労働で計算すれば、2年半以上にもなる。言ってみれば、**2年半タダ働きしたのと同じだ**。人生の貴重な時間とエネルギーを、もっと他のことに使えたかもしれないのに。

資産から物価上昇率より高い利子が得られ、社会保障からの収入もあったと仮定すると、彼女が働く必要のなかった時間はさらに長くなる。少なくともあと2年半以上前には引退できたし、生きているうちにもっとたくさんの金を使うこともできた。

もちろん、この計算が誰にでも当てはまるわけではない。たとえば、時給換算すれば、エリザベスよりはるかにたくさんの金を稼いでいる人もいるだろう。こうした高額所得者にとって、13万ドルは2年半もの不要な労働を意味しない。

だが実際には、これらの人々は13万ドル以上の資産を残して天国に旅立ってしまう。時間給や年収が高い人ほど、働き続け、稼ぎ続けたいという誘惑に駆られやすいからだ。結局、人生の貴重な時間やエネルギーを無駄に使ってしまう。

だから、エリザベスの例より収入が高い人にとっても、低い人にとっても、私からのメッセージは同じだ。

生きているうちに金を使い切ること、つまり「ゼロで死ぬ」を目指してほしい。

そうしないと、人生の限りある時間とエネルギーを無駄にしてしまう。

「ゼロで死ぬ」は効率の極み

エンジニア出身であるせいか、とにかく私は効率が好きで、無駄が嫌いだ。そして、人生のエネルギーを無駄にすることほど、もったいないことはないと考えている。

だから私にとって、「ゼロで死ぬ」というのは完全に理にかなっている。

もちろん、死ぬ前にゼロに到達すべきではない。死ぬ直前にひもじい思いをしたい人などいない。だが、せっかく貴重な時間と労力を費やして稼いだ金を、生きているうちにできる限り使い切ってほしいと思うのだ。

こうした考えを世に訴えているのは、私だけではない。古くは1950年代、ノーベル賞を受賞した経済学者のフランコ・モディリアーニが、ライフサイクル仮説（LCH）というものを提唱した。

これは、生涯にわたって金を最大限に活用するための消費と貯蓄の方法を示すものだ。モディリアーニの基本的な主張は、生涯を通じて金を最大限に活用するには、「死ぬときに残高がちょうどゼロになるように消費行動をすべき」というものだ。仮に、もしいつ死ぬかがわかっているのなら、そのときまでに金を使い切れば、最大限の喜び（と効率）が得られることになる。

「いつ死ぬかなんてわからない」という現実的な疑問に対して、モディリアーニはとてもシンプルな答えを示している。

「安全に、かつ不要な金を残さないためには、人が生きられる最長の年齢を想定すればいい」と。つまり、自分が可能な限り長寿をまっとうすることを前提に、1年当たりの消費額を決定するのだ。

だが、多くの人はそれすら計算していない。**なんとなく必要以上の金を貯め込んでいるか、必要なだけ貯めていないかのどちらかだ。**長期的に計画を立てて行動するより、短期的な報酬（近視眼的）のために生きたり、自動運転モード（慣性的）で生きるほうが楽だからである。

目の前の刹那的な楽しさを優先し、有り金をすぐに使ってしまう近視眼的な生き方はキリギリス型であり、ひたすら将来のために貯蓄に励み、人生の最後になっても手つかずの金を大量に残してしまう慣性的な生き方はアリ型だと言える。

だが、そうなってしまうのも仕方がない。行動経済学も、何かが合理的だからといって（たとえば過度な貯蓄をやめて、もっと金を使うこと）、人はその通りの行動を取るとは限らないと明らかにしている。

それだけ慣性は強力なのだ。経済学者のハーシュ・シェフリンとリチャード・タラーも、これを「昔ながらのしきたりに従っている家庭に、新しいルールを教えることは難しい」と表現している。

このように「ゼロで死ぬ」ことは、とても明確で重要な目標である。

だからすぐにでも次のステップ、すなわち「ゼロで死ぬための具体策」に話を進めたいが、そうはしない。

このアイデアをたくさんの人に伝えてきた経験から、すぐに本題に入るべきではないことはわかっている。私がこの話をするといつも決まって同じような質問や反対意見が出てくるからだ。その質問を無視して、話を先に進められない。

だからまず、これらのよくある質問に答えていく。

ここで、生きているうちに金を使い切ることの価値を理解し、実現できるという実感を持ってもらったうえで、実際に行動に移すための具体策の説明に移りたい。

でも、仕事が好きだから問題

生きているうちに使い切れない額の金を稼ぐために、人生の貴重な時間やエネルギーを無駄にすべきではない――。

そう言うと、**「でも、仕事が好きだから」**と返してくる人がいる。中には、大好きな仕事を追求するためなら「金を払う」という人までいる。

そのスタンスは決して否定しない。私もプロダンサーと付き合ったときに、世の中にそう考える人がいることがよくわかった。

ダンスの世界はとても競争が激しい。限られたステージの場を求めて、大勢のダンサーがオーディションに殺到する。しかも演劇などの他の競争の激しい世界とは違い、どれだけ成功しても経済的にも裕福になれない。にもかかわらず、パフォーマンスを維持するためにレッスンを受けなければならず、ステージに立つチャンスの多いニューヨークやロサンゼルスなど、生活費の高い都市に住まなければならない。そのためダンサーの多くは、他の仕事をして生活費を稼ぎながら、ダンスへの情熱を保ち続けている。

このように、仕事を愛し、仕事そのものを充実した人生の経験と見なす人がいる。それは本当に素晴らしいし、みんながそんな仕事と出会えたらいいのにとすら思う。

だが、**仕事に情熱を捧げる人であっても「ゼロで死ぬ」を目指すべきであることに変わりはない。**

その理由は？　まず、仕事を愛している人は、次のような主張をする。

「仕事そのものが楽しくて充実した経験なら、仕事で得られる金は副産物にすぎない。焚き火の後にできる灰の山みたいなものだ。焚き火をする目的は灰をつくることではない。暖をとったり、明かりを得たりしたいからだ。灰はその結果としてできるものにすぎない」

たしかに、愛する仕事をした結果として金を稼げるのなら、何も言うことはないだろう。だが私は、仕事を喜びの源泉だと見なしている人であっても、仕事とは無関係の経験にある程度の時間を費やすべきだと考える。

たとえばダンスが生きがいの人でも、四六時中踊り続けるわけにはいかない。それに、20代、30代の頃はまだしも、40代、50代、60代になれば、ダンスに捧げる時間の割合も減っていくことが考えられる。

もちろん、年を取ってもダンス（あるいは法律であれ心理療法であれ、情熱の対象である職業）に費やす時間を変えず、ずっとその愛する仕事で金を稼ぎ続けたいと考える人もいるだろう。

だがその場合でも、稼いだ金を使うことをおろそかにすべきではない。ダンサーとして稼いだ金を使って、贅沢な旅行をしたり、パーティーを開いたり、お気に入りのダンサーのライブを観たりすればいい。どれだけ仕事を楽しんだとしても、稼いだ金を使わないのなら、それはやはり無駄になる。

テレビゲームに喩えれば、せっかく得点を増やしてライフを獲得したのに、そのライフをわざわざ捨ててしまうようなものだ。そのライフがあればマリオを操ってもっと冒険ができるのに、ただ橋から飛び降りるような使い方はもったいない。大好きな仕事の「おまけ」であったとしても、金が金であることに変わりはないのだ。

どうやって手に入れたかは関係ない。好きな仕事で稼いだものでも、ひいおじいさんから相続したものであっても同じことだ。その金が自分のものになったのなら、それを価値ある経験に替えるべきだ。

ダンスこそが人生だと考え、ダンスによって金を得ているのなら、ダンス関連の経験にそれを費やせばいい。一流のダンス講師のプライベートレッスンを受けてもいいし、クリーニングサービスを使って家の掃除をし、空いた時間をダンスの時間にあてることもできる。

どんな手段で得たものであれ、金は活きた使い方をすべきだ。

老後のための貯蓄は、ほとんど使わずに終わる

「ゼロで死ぬ」ことについて話すと、「でも、そんなのは怖い」と反応する人も多い。そして、「金を残して死ぬことはまったくの無駄ではない」とも言ってくる。相続人に与えたり、慈善事業に寄付すればいいではないか、と。「死ぬまでに使い切れなかったなら、子どもに相続すればいいではないか」というのも典型的な反論だ。

子どもの問題については伝えるべきことがたくさんあるので、「ルール5」で説明し

ている。詳しくはそれを読んでもらうとして、ここでは簡単に私の考えに触れさせてほしい。

まず、自分の金を身内に相続したり、慈善団体に寄付したりするのは自由だ。だが、**誰かに金を与えるのなら、早いほうがいい。死ぬまで待つ必要はない。**

それに、誰かに与える金は自分の金とは切り離すべきだ。私が生きているうちに使い切るべきだと言っているのは、それらを除いた自分自身のためだけの金のことだ。誰かに金を与える計画法についても「ルール5」で詳しく説明する。

次に、恐怖の問題についても考えてみよう。

多くの人が、死ぬ前に金を使い果たすのは怖いと考えている。私もそれには同意見だ。晩年を金の心配をしながら過ごしたい人などいない。

誤解しないでほしいのだが、私は将来のために貯金すべきでないとは言っていない。**必要以上に貯め込むことや、金を使うタイミングが遅すぎるのが問題**だと言っているのだ。

遠い未来の年老いた自分のために、必要以上に今の自分から経験を奪ってはいないだろうか。その金を使い切れるほど、長生きしないかもしれないのに。

世帯主の年齢別 純資産の中央値

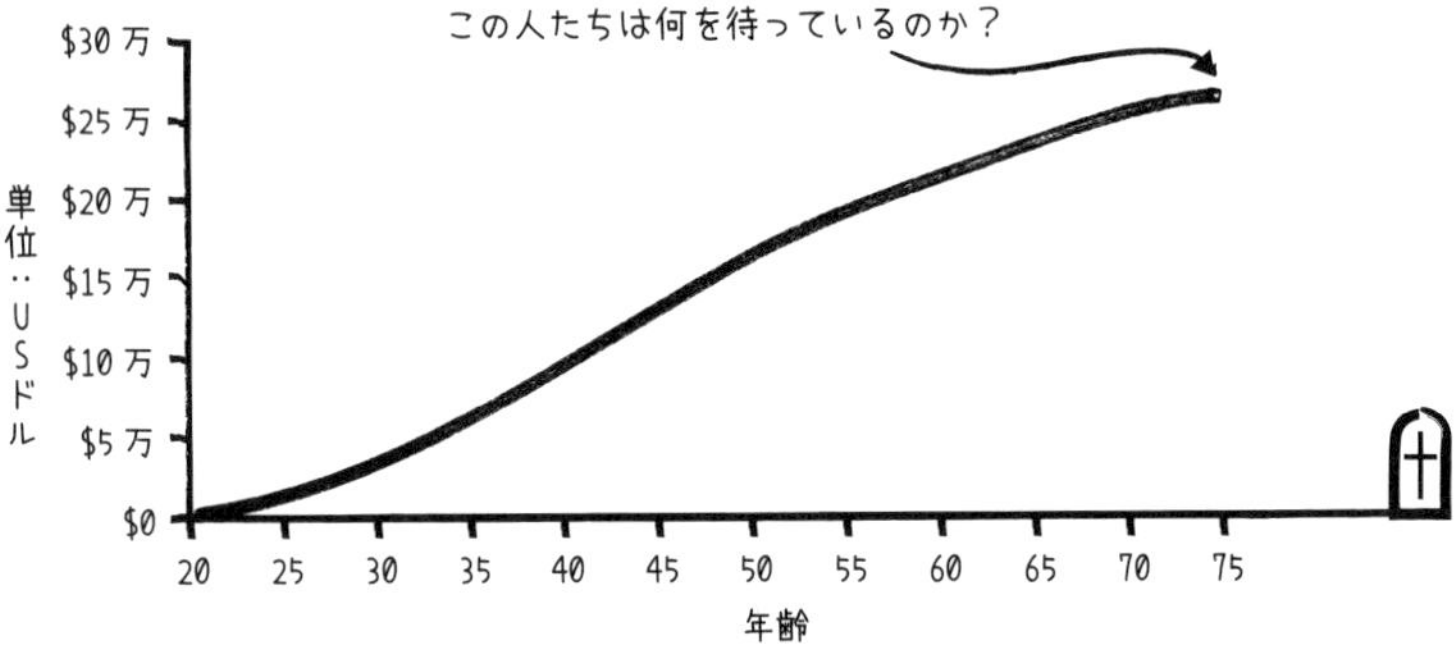

アメリカ人の純資産は70代半ばまで増え続けている。

統計データもそのことを示している。年齢別の純資産データを見ると、何十年もかけて資産を増やし続け、老後になるまでそれを使い始めない人が多いことがわかる。

ＦＲＢ（連邦準備制度理事会）による最新の調査でもそれは明確だ（上図）。

グラフを見ると、たとえば世帯主が45歳の世帯の純資産の中央値は12万４２００ドルとなっている。そして、他の年齢にも目を向けると、純資産の中央値は、年齢が上がるにつれて増えていることがわかる。

この理由は簡単に推測できる。収入は年齢とともに上昇し、資産は増え続けるからだ。

これはある意味で素晴らしい。だが問題は、スイートスポットを超えても、依然として貯金を続ける人が多いことだ。たとえば純資産の中央値は、世帯主が55歳の家庭の場合は18万7300ドルなのに対し、65歳の場合は22万4100ドルと増加している。

さらに、**なんと70代になっても人々はまだ未来のために金を貯めようとしている**。70代後半になっても、この年代の人々の貯蓄は減り始めない。世帯主が75歳以上の家庭の純資産の中央値は、すべての年代のなかでもっとも高い26万4800ドルとなっている。

つまり大勢の人は、苦労して稼いだ金を自分より長生きさせようとしていることになる。

高齢者は医療費を考えて貯蓄する傾向にある。だが後述するように、世帯全体の支出は医療費を含めても年齢とともに減少する。

他のデータも同じ傾向を示している。アメリカ従業員給付研究所は、2018年、高齢のアメリカ人の資産と支出に関するデータをもとに、退職後の20年間で（または20年未満に死ぬまでに）どれだけ資産が減少したかを調査した。

人々は老後に資産を使い果たすのだろうか？　それとも手をつけないままでいるのか？　主な調査結果の一部を以下に示す。

・概して、人々は自分の資産を使い始める（取り崩す）のが非常に遅い
・60代から90代までの退職者全体で、年齢を問わず世帯支出と世帯収入の中央値比はほぼ1：1だった。つまり、いつまでも収入と同程度の支出を続ける傾向にあり、退職しても資産には手をつけないという傾向を示している
・資産額が多い人々（退職前に50万ドル以上）は、20年後または死亡するまでにその金額の11・8％しか使っておらず、88％以上を残して亡くなっている。つまり、65歳に引退したときに50万ドルだった資産は、86歳の時点でまだ44万ドル以上残っている
・資産額が少ない人々（退職前に20万ドル未満）は、老後に資産を使う割合が高い（同額の支出でも、資産が多い人に比べて支出の割合が大きくなるためだろう）。だがこのグループでも、退職後の18年間で資産の4分の1しか減っていない
・全退職者の3分の1が、なんと退職後に資産を増やしている。資産を取り崩すのではなく、反対に富を増やし続けていた
・退職後も安定した収入源が保証されている年金受給者の場合、退職後の18年間で使った資産はわずか4％と、非年金受給者の34％に比べてはるかに少なかった

つまり、**現役時代に「老後のために貯蓄する」と言っていた人も、いざ退職したらその金を十分に使っていない。**「ゼロで死ぬ」どころか、そもそも生きているうちにできるだけ金を使おうとすらしていないように見える。

これは年金をもらっている人の場合、より明白になる。年金受給者は老後も安定した収入が保証されている。だから、年金をもらっていない人に比べて貯金を取り崩しやすいように思える。だが、調査結果の通り、年金受給者が老後に資産を減らす割合はとても低い。

祖母にあげた1万ドルのゆくえ

なぜ退職者は、老後の早い段階で金をたくさん使おうとしないのか？

何を待っているのだろうか？

答えはいくつかある。

まず、金を使いたいという意思はあるものの、年を重ねるごとにやりたいことが変わり、意欲も薄れていくことだ。

退職金計画の専門家の間では、この消費パターンの変化を表す専門用語さえある。リタイア直後の意欲的に行動をする期間を「ゴーゴーイヤー」といい、それが数年続いたのち、行動が穏やかになる「スローゴーイヤー」が来て、最後に行動しなくなる「ノーゴーイヤー」になるというものだ。

リタイア直後は老後の楽しみにしていた経験をしたくてうずうずしている。それを行動に移す気力も体力もある。その後、一般的には70代になると、人生でやり残したことも徐々に減り、体力も衰えるため、行動は穏やかになっていく。そして80代以降は、どれだけ金に余裕があっても、積極的に行動しようとしなくなる。

私も20代後半のときに、70代後半だった祖母がそんなふうに変わっていくのを間近で見ていた。当時の私はトレーダーとして大金を稼ぎ始めたばかりで、大切な人たちとその富を分かち合うことに喜びを感じていた。

だから祖母にも1万ドルの小切手をプレゼントした。今振り返ると、それはバカげた贈り物だった。今の私なら、別の州に住む親戚のところに連れて行ってあげるなど、思い出に残る経験をプレゼントするだろう。だが当時の私は、自分が誰かにもらって一番うれしいものをあげればよいと思っていた。

だが、祖母と同居していた母に様子を尋ねても、いっこうに祖母がその1万ドルを使ったという話を聞かなかった。祖母が貧乏で、1万ドルを生活費の足しにしていたというわけではない。そのときの祖母は、もう金を使うことへの意欲が薄れていたのだ。

クリスマスが近づいたとき、祖母からセーターをプレゼントされたが、私が知る限り、結局、祖母は1万ドルを使ってこのセーター1枚しか買わなかった（値段は50ドルぐらいだったと思う）。

私がそのセーターをもらって喜んだこと、孫から金をもらった祖母が喜んだことを除けば、祖母は私がプレゼントした1万ドルを使って、心に残るような喜びが得られる経験をすることはなかった。

金を使わなかったのは、祖母がもともと倹約家だったということもあるだろう。たとえば彼女は家のソファや椅子に、傷まないようにとビニールを被せていた。当然、そんなふうにしたら家具を快適には使えないし、見た目も美しくない。

せっかく金を出して買った家具を、十分に楽しめないかたちで使うなんて、私にはとうてい理解できない。これこそ、この本で何度も繰り返し言及している、「喜びを味わう機会を、意味もなく延期すること」の典型例だともいえる。

このように、**年を取ると人は金を使わなくなる。**

「年を取るにつれて、生きているうちに金を有効に使い切りたいと思うようになるはずだ」と考える人もいるかもしれないが、現実にはそれとは逆のことが起こっているのだ。

それはデータにも表れている。アメリカ労働統計局が実施した消費者支出調査によると、世帯主が55〜64歳の世帯の2017年の平均年間支出は6万5000ドルだ。それが65〜74歳になると5万5000ドルに、さらに75歳以上の場合は4万2000ドルに下がる。これは年齢とともに高くなる医療費も含めた支出額だ。

ファイナンシャルアドバイザーはこのパターンを熟知していて、退職者へのアドバイスでも、当然のように「スローゴーイヤー」や「ノーゴーイヤー」について言及している。だが、世間一般には「高齢になるほど金を使わなくなる」という考えは、あまり知られていない。

この予測可能な人間の行動パターンを自覚していないと、「自分は退職した日から人生最後の日まで、経験に一定の支出をするだろう」という誤った予想をしてしまいかねない。

これが過度に貯蓄をして、金を使わない人が多い理由の1つになっている。

エイリアンの襲来に備えて貯金するバカはいない

人々が金を必要以上に貯め込み、死ぬ間際になっても手をつけようとしない明確な理由がある。

それは老後の予期せぬ費用、特に医療費のために貯金を維持しておきたいからだ。高齢になったら誰でも病気になりやすくなる。だから、高額の医療費を払わなければならない可能性がある。

加えて、実際にどれだけ費用がかかるのかも予測しがたい。心臓のバイパス手術や長期間のがん治療が必要になるかもしれない。老人ホームに長く入る可能性も出てくる。

これらの問題に対処するために保険があるが、保険に加入していたとしても、高額の医療費を請求されることはある。処方薬の自己負担額が高額な場合や、何らかの理由で保険会社が補償を拒否する場合などだ。だから、どれくらいの備えが必要かは、やはり不確かだ。

だが、いくら将来の医療費の額がわからないからといっても、やはり貯めすぎている人が多すぎるのが現状だ。

私から見ると、それはまるでエイリアンの侵略に備えているかのように見える。近い将来、エイリアンが地球にやってきて、私たちの生活に大混乱をもたらす可能性はゼロではない。だけど、あなたはそのためにシェルターを建てようと思うだろうか？　私ならエイリアンは来ないと信じ、大切な金は自分の人生を豊かにするために使いたい。

老後の医療費のために今から莫大な資産をつくろうとするのは、エイリアンの襲来に備えるようなものだ（たしかに、武装した高度な知性を持つ地球外生命体に命を脅かされるより、高額の医療費が必要になる可能性のほうが確率が高いとは思うが）。

それに乱暴に言ってしまえば、普通の人が貯められる額では、もっとも高額な最先端の医療費には歯が立たない。

たとえば、がん治療は年間50万ドルもの費用がかかることがある。自己負担の医療費が1泊あたり5万ドルもする病院もある（私の父が死の間際に入院していた病院もこれと同額だった）。

私たちが頑張って若い頃からコツコツと貯金し、1万ドル、5万ドル、25万ドルを貯めたとして、こうした天文学的な医療費が必要になったとき、果たしてそれが本当に役に立つのだろうか？

1年間の給料を全部貯金して5万ドル貯めたとしても、1泊分の入院費で消えてしまうのだ。何年間もかけて貯めた25万ドルも5日でなくなる。

つまり、**高額な終末医療に備えて多額の貯金をするのは大多数の人にとって現実的ではない**。特に無保険の場合、医療費は極めて高くなるから、ある程度の貯蓄の有無は問題ではなくなる。政府に支払ってもらうか、残念ながら治療を諦めるかのどちらかだ。

では、もしあなたがごく一部の資産家だとしたらどうだろう？　数百万または数千万ドルの資産があったとしたら？

それでも、残り数カ月を延命できる高額医療に意味は見いだせない。充実した人生を生きることと、ただ病院のベッドに横たわって息をしていることには大きな違いがある。私は、前者のために金を使いたい。生活の質がゼロに近い、人工呼吸器につながれた状態で数カ月を過ごすために、何年も余分に働いて貯金をしたいとは思えない。苦しさの度合いによっては、延命治療そのものを拒絶するだろう。

人は皆、遅かれ早かれ死ぬ。**最後の数日、数カ月を生き延びるのに必要な医療費を貯めるために、人生の貴重な数年間を犠牲にしてまで働きたいと思うだろうか？**

私は、いさぎよく「墓場で会おう！」と言いたい。

それに、医療費は病気の〝治療〟に使うより、健康を保つための〝予防〟に使うほうがはるかに賢明だ。

保険会社も予防医療の長期的な経済的価値をよく知っていて、予防医療や定期健康診断を受けた契約者にギフトカードの進呈などで報酬を与えている。

病気にならないために金を使えば、あらゆる病気を避けられないにせよ、健康上の問題をはるかに減らすことができる。そして結果として、質の高い生活を長く楽しめるようになる。

こう話すと、「とにかく若いときに金を使うことに価値を置き、老いて身体が弱ったときのことは考えるな！」と言っているように聞こえるかもしれないが、それは違う。**今の生活の質を犠牲にしてまで、老後に備えすぎるのは、大きな間違い**だと言いたいのだ。

ただし、身体が弱ったときに十分なケアを受けたいと考えるのも当然だ。介護が不要なまま死を迎えれば、莫大な資産が無駄になる。でも、もし介護が必要になったときは、その金が必要になる。どうすればいいのか？

その答えは、民間の介護保険に入ることだ。調べてみれば、思ったより保険料が少ないことに気づくはずだ（特に65歳前に保険料の支払いを開始した場合）。同じ考えで、さまざまな保険に入ることを検討してみてほしい。世の中には、およそ誰かが不安に思うことについて、それを対象にした保険商品がある。

もちろんだからといって、すべての保険に入ることをすすめているわけではない。当然、保険にも金がかかる。だが、リスクを取りたくない人は、保険に入ることで不安を取り除ける。

この章では、「ゼロで死ぬ」ことがいかに価値ある目標であり、なぜそれが人生のエネルギーを無駄にしないことにつながるかについて説明した。

だが、それをどう実現するかについて、まだ具体的な説明はしていない。この目標を本当に実現できるのか、疑っている人もいるだろう。

安心してほしい。次の「ルール4」から、その具体的な方法を詳しく紹介していく。

実践しよう

- まだ「ゼロで死ぬ」という考えに心が動かない人は、その心理的な抵抗がどこから来るのかを考えてみよう。
- 仕事が好きで、毎日職場に行くのが好きな人は、仕事のスケジュールの邪魔にならないかたちで、有意義に金を使える方法を考えてみよう。

RULE 4

USE ALL AVAILABLE TOOLS TO HELP YOU DIE WITH ZERO

ルール4
人生最後の日を意識する

寿命を予測したことはあるか？

ここまで読み進めてくれた読者は、少なくとも原則として「ゼロで死ぬ」のは良い考えだと同意してくれたのではないだろうか。

だが、この目標を本当に達成できるかどうかについては懐疑的かもしれない。

それはある意味で正しい。なぜなら厳密に言えば、完全にゼロで死ぬのはそもそも不可能だからだ。つまり、死ぬときにちょうど資産がゼロになるように使い切るには、人生最後の日を正確に知らなければならない。だが神様ではない限り、誰も自分が死ぬ日を正確には予測できない。

だからといって、何も打つ手がないわけではない。

寿命計算機を使ったことがあるだろうか？　最近では、保険会社の多くがウェブサイトで無料提供しているツールだ。面白いのでぜひ試してみてほしい。

当然ながら、この計算機は正確な寿命を算出してくれるわけではない。だが、現在の年齢や性別、身長、体重（ＢＭＩはどれくらいか?）、喫煙・飲酒習慣などの健康因子、家族歴などの質問に答えることで、寿命の予測値は得られる。

その結果、94歳まで生きるというわれしい予想値が得られるかもしれない。あるいは

40キロ減量し、酒や煙草をやめない限り、55歳で死ぬと予測されてしまう人もいるだろう。

自分の人生の残り時間を予測するのは、あまり楽しいことではないかもしれない。だが、たとえ面白くなくても、**自分があとどれくらい生きるかを真面目に考えてみることには価値がある。**自分がいつ死ぬか想像すらしていなければ、適切な判断がしにくくなるからだ。

その結果、**慎重派の人は150歳まで生きるかのような過度な貯金をしてしまう。**元本には一切手をつけず、利息だけで生きようとする人のように、永遠の命を期待しているかのような節約生活を送ろうとするかもしれない。

そして手つかずの資産をたくさん残したまま、自分が思っていたよりも早く死んでしまうのだ。つまり、決して使うことのない金を稼ぐために、人生の貴重な時間をたくさん無駄にすることになる。

自分の寿命をおおよそでも予測しておくだけで、これからの人生でどれだけ稼ぎ、貯め、使うかについて、はるかに良い決断ができるようになる。

自分の寿命に意識的になることは、これからの人生でどうすれば金を最適に使えるかを考えるための最初のステップなのだ。

「長寿リスク」への正しい備え方

一方で、寿命を予測したところで、いつ死ぬかわからないという不確実性はぬぐえない。

早死にするリスクは「死亡リスク」と呼ばれている。一方、予想よりも長生きする可能性は「長寿リスク」と呼ばれる。長生きするのはいいが、その結果として資産が尽き、生活に困窮してしまうリスクだ。

私たちの寿命の両端には、早く死にすぎて金を無駄にしてしまうリスクと、長く生きすぎて金が足りなくなるリスクがあるのだ。この2つのリスクへの対処策を理解しておく必要がある。

死亡リスク（早死リスク）への対処については、あなたもそれを対象にした金融商品を知っているはずだ。そう、生命保険だ。

生命保険会社は、あなたと同じく、あなたがいつ死ぬのかを正確に知っているわけではない。それでも、あなたが死んだときに遺族に保険金が支払われるのは、保険会社が多くの人から保険金を集めているからだ。

保険の契約者のなかには、平均より早死にする人も、長生きする人もいる。だから保険会社は、平均値より外れている両側の死を相殺できる。人々の寿命に関するデータを十分に精査すれば、どれだけの掛け金を集めれば契約者に保険金を支払え、かつ会社として利益を上げられるかを弾き出せる。だから保険会社は、あなた個人がいつ死ぬかを正確に予測する必要はない。

つまり保険会社は、大勢の人のリスクをプールすることができる。これは私たち個人では真似できないことだ。言い換えれば、**あなた一人では保険代理店には勝てない**。だからこそ人は、自分一人でリスクから身を守ろうとはせず、さまざまな保険商品を購入する。たとえば、多くの人は早死にで家族を困窮させるリスクを回避するために、なんらかの生命保険に入っている。

だが一方で、長寿リスクに対処する金融商品があることはあまり知られていない。死ぬ前に金がなくなってしまうリスクを恐れる人は多いのに、だ。

ぜひ、これから紹介する金融商品について調べてみてほしい。それは、**「長寿年金」**と呼ばれるものだ。

これは本質的に、生命保険とは反対の性質を持っている。すなわち、生命保険は加入者が早死にするリスクから「家族」を守るためのものだが、長寿年金は長生きしすぎて資産を使い果たしてしまうリスクから「加入者本人」を守るためのものだ。

ニューヨーク・タイムズ紙の「ユア・マネー」のコラムニスト、ロン・リーバーは次のように説明している。

「長寿年金を販売する保険会社は、この商品を投資対象のように宣伝することが多い。だが、実際にこれは保険に近い。保険が経済的リスクを回避するためのものであるように、長寿年金も長生きによる資金リスクを保証するために購入するものだ」

実際、長寿年金は投資ではなく保険だと考えたほうが合理的だ。投資としては、あまりうまみのあるものではない。この年金の目的は、死ぬ前に金を使い果たしてしまうリスクに対して保険をかけることにある。

貯蓄より長寿年金をすすめる理由

長寿年金の仕組みはこうだ。長寿年金を買うと、掛け金はすべて保険会社のものになる。たとえば、60歳の時点で50万ドルの長寿年金を購入したとする。50万ドルはこの時点ですべて保険会社が所有することになる。その見返りとして、あなたは残りの人生の月々の支払いが保証される（たとえば、毎月2400ドル）。

どの保険も同じだが、もちろん長寿年金も無料ではない。だが、最高の人生を送るために、生きているうちに金を最大限に有効活用しようとするなら、長寿年金の購入はとても賢明な策となる。

なぜなら、たとえ保険会社に手数料をとられたとしても、毎月手にする支払額は、あなた個人が「不確実な寿命に対して、死ぬまで金に困らないだけの額」を貯め、それを切り崩して使うよりも多くなるからだ。

たとえば、老後の支出ルールとして一般的によく言われるのは「4％ルール」だ。これは、退職時に貯蓄から毎年4％を使い続けるというものである。

だが長寿年金なら、毎年、購入額の4％以上の支払いを得られるはずだ。しかも、自己資産を毎年4％切り崩す場合とは異なり、支払いは生きている限り保証される。

高く安定した支払いが保証されるのは、年金の購入時点で掛け金がすべて保険会社のものになっているからだ。途中で死んでも、あなたに掛け金は払い戻されない。たとえば極端な場合、長寿年金を購入した翌日にあなたが死んだら、支払いはゼロになる。代わりに、その掛け金は長生きをする幸運な他の誰か（長寿年金の購入者）への毎月の支払いに使われる。

長寿年金を買っていなければ、自身に保険をかけるのと同じ備えをしなければならない。

だが、これはおすすめできない。**大手の保険会社とは違い、一人では早死にと長生きしすぎのリスクを相殺することはできない**からだ。結局、人生最後の日まで経済的な安心を感じるために最悪のシナリオに対処しようとすると、予備の金を大量に残しておかなければならない。つまり、使わない金を貯めるために、何年も働かなければならなくなる。

こうやって自身で保険代理店のようなことをしようとすると、人生を最大化するという目標は遠のいてしまう。繰り返すが、私たちは一人では良い保険代理店にはなれないのだ。

一般的に、経済学でも長寿年金は長寿リスクに対処するための合理的な方法だと考えられている。専門家は、なぜ長寿年金を購入する人が少ないのか昔から頭を悩ませていて、この問題は経済学で「長寿年金の謎」と呼ばれるくらいだ。

とはいえ、私は誰もが貯金をはたいて長寿年金を買うべきだと言っているのではない。ここで言いたいのは、**死ぬ前に資産が尽きないようにしながら、生きているうちに金を使い切る方法はある**ということだ。少なくとも、こうした解決策を検討すらしないことは、あなたの人生にとって大きなデメリットになる。

なお、長寿リスクにどれくらい備えるかは、あなた自身の「リスク許容度」による。リスクに対する許容度が低い（死ぬ前に金がなくなることがわずかでも受け入れられない）人は、長寿年金を購入したり、予備の金を十分に貯めたりすればいい。

あなたが１２３歳まで生きる確率は現時点のデータから言えばかなり小さい（人類史上の長寿記録は１２２歳１６４日間だ）。だが、極端にリスクを嫌う人なら、１２３年生きることを前提にして老後資金の計画を立てればいい。

あるいは、あなたの予測寿命が85歳で、５〜６パーセントの誤差へのリスクを許容できるなら、あと数年先、たとえば90歳まで生きると想定して、５年分の老後資金を余分に用意すればいい。

予想通りに85歳で死んだときの5年分の老後資金を無駄にしたくないのであれば、その資金は用意しないという選択もできる（その分の金を有意義な体験に使う）。もちろん、そのリスクを許容できるなら、の話だ。

これは、どれが正しいという話ではない。リスク許容度は、個人の好みの問題だ。

ただ１つ言えるのは、**リスク許容度を考えて備える場合と、単に闇雲な恐怖にかられ**

て備える場合とでは、とてつもなく大きな違いが生まれるということだ。

自分の余命を予測し、リスク許容度を考慮して、何年分の生活資金が必要になるかを計算するのと、死ぬ前に金がなくなることや、死ぬことそのものをただ漠然と恐れるのとでは雲泥の差だ。

金や死を恐れ、逃げ回るようにして生きていると、結局は金を無駄にしてしまうことになる。何年も苦労して稼いだ金を使わずに死んでしまうことにもなりかねない。つまり、**恐怖の奴隷として何年も働き続けなければならなくなる。**

「富」の最大化から「人生」の最大化へ

ただし、長寿年金は複雑な商品でもある。深く理解するには専門書が必要だ。異なる種類の商品がいくつもあるし、年齢や健康状態、貯蓄額、リスク許容度などの要因によっては、まったく利用しないか、老後の資産運用の一部とみなしたほうがよい場合もある。

こんなときに役立つのが、ファイナンシャルアドバイザーの力を借りることだ。あなたが長寿年金の本を読みたくないのなら、専門家の意見を聞くのがよいだろう。

その場合、アドバイザーには自分の望みをはっきりと伝えるべきだ。なぜなら、**長寿年金をあなたにすすめようとしないファイナンシャルアドバイザーもいる**からだ。

金融用語で「運用資産」と呼ばれるものの割合から報酬を得ているアドバイザーの場合、そのインセンティブは運用資産を増やすことで得られる。つまり、顧客であるあなたが資産運用をやめて長寿年金を購入すれば商売にならなくなってしまう。このタイプのアドバイザーにとっては、長寿年金は競合なのである。

だが、時間単位の相談料で報酬を得るタイプのアドバイザーもいる。このタイプのアドバイザーには、長寿年金を避けるインセンティブはないし、逆に長寿年金を売ることで手数料が入るわけでもない。そのため、損得勘定抜きで、あなたにとって最適な老後資産の運用方法を考えてくれるだろう。

その場合でも、まずはあなたの目標が何であり、どのような問題を解決しようとしているのかを明確に伝えなければならない。

私たちは、できる限り人生を充実させるにはどうすればよいか、という問題に取り組んでいる。

もう一度繰り返そう。

私たちの問題は**「できる限り人生を充実させるにはどうすればよいか」**だ。見境なく豊かになることではない。

つまり、この本の目的は、**富の最大化ではなく、人生の喜びを最大化するための方法を探すこと**だ。この2つは根本から違う。

金は目的を達成するための手段にすぎない。金は、人生を楽しむというもっとも重要な目標の達成に役立つ。一方で、金を増やすことを最優先してしまうと、その目標の達成は難しくなる。

だから、「できる限り人生を充実させるにはどうすればよいか」という一番大切な目標をいつでも忘れないようにし、あらゆる判断の指針にしてほしい。ファイナンシャルアドバイザーに相談するときも同じだ。

相談料ベースのファイナンシャルアドバイザーに、「死ぬまでに資産が尽きないようにしつつ、できる限り人生を楽しみたい」と伝えれば、それを実現するための計画を一緒に考えてくれるはずだ。

なお、この章では、**生きているうちに資産がなくなることを避ける方法**について見てきた。長生きしても、金に困らないようにするにはどうするか、という問題だ。

だがこれは、「ゼロで死ぬ」ために考えなければならない問題の半分にすぎない。残りの半分は、**金を残して死なないためにはどうすればよいか**、という問題だ。

手つかずの資産を山のように残し、後悔しながら死んでいかないためには、どんな計画を立てれば良いのだろうか？

ファイナンシャルアドバイザーの用語を使えば、長い時間をかけて築いてきた大切な資産を「取り崩す」ことをどのように計画すべきなのだろう？

この質問に対する私の答えは「ルール8」で詳しく説明する。

人生が変わる「死」のカウントダウンアプリ

ここまで、寿命を予測することの大切さ、そして長寿リスクへの対策について説明してきた。この章の最後に、人生の最後、つまり死を意識するためのツールを紹介しておこう。

私たちは、**死から目を背けることで人生を最適化できていない**。人々は死の話題を避け、それが決して来ないかのように振る舞う。自分がいつか死ぬという事実から目をそらさずに人生を計画している人は少ない。私たちはその日を、遠い将来に起こるミステリアスな何かとしかとらえていない。

こんなふうに死から目を背けているから、いざ死が眼前に迫ったときに、ほんの数週間の延命に数十万ドルもの大金を費やすことになる。

その金は、若い頃に何年、何十年も懸命に努力して稼いだ金だ。病床に伏して身動きもとれなくなった状態で過ごす数週間のために、健康で活力に満ちた時間を何年分も費やしたのだろうか？　これが非合理的でないというのなら、私には何がそうなのかわからない。

たしかに、死んでしまえば金の価値はなくなる。死が近づいたら、少しでも余命を延ばそうとして、有り金をすべて使うのは不合理ではない。その時点では、金を惜しむ意味などなくなるからだ。著名な3人の経済学者もこう述べている。「資産を残しておく価値がない場合、わずかな延命しか期待できない治療のための多額の支出も合理的になる」と。

だがこれは、人生を最大限に充実させるための金の使い方を計画するのに失敗した結果として余った資産を、今置かれている最悪の状況を凌《しの》ぐために生かそうとしている場合に限ることだ。健康なときに活きた金を使おうと合理的に考えていたのなら、死ぬ間際になっても資産の大部分が手つかずで残っているのはおかしい。

こうなってしまうのは、やはり死から目を背けているからだ。**人は死が迫っていない**

と、**合理的な判断ができない**。だから、今を最大限に楽しむことを我慢してまで、遠い未来のために必要以上の貯金をするようになる。

だが、誰もが死と老化を避けられないことは紛れもない事実だ。

だから、**人生の残り時間を意識しよう**。それが現在の行動に大きな影響を与えるはずだ。

最初のステップとして、究極の状況を想定してみることから始めてみよう。

もし、明日死ぬことを知っていたら、あなたは今日、どんな行動を取るだろうか？　明らかにその行動は変化するはずだ。予定していたこととは、まるっきり違う何かをするだろう。

次に、2日後の場合はどうか？　明日死ぬ場合とは少し行動が変わるかもしれない。あと50年も75年も生きると想定しているときとはまったく違うものになるはずだ。

では、死ぬまであと3日の場合はどうだろう？　365日の場合は？

同じ要領で、自分が死ぬまでにあと何日あるかを考え、その数字を当てはめて考えてみよう。残りの人生があと1万4000日あるなら、2万5000日あるなら……人生の計画は、どんなふうに変化するかを考えてみてほしい。

こうして死に対して目を向けないでいると、永遠に生き続けるかのように振る舞ってしまう。人生の計画のバランスを取ることも難しくなる。

死について考えるのはつらいが、そうしなければ今最大限に楽しめるはずの経験を先送りにしてしまう。まるで人生最後の月に、それまで我慢してきた経験をすべて簡単に実行できるかのように。言うまでもなくそれは不可能であり、そんなふうに考えるのは完全に不合理だ。

私は、自分の推定死亡日までの日数（年数、月数、週数など）をカウントダウンする「Final Countdown（ファイナル・カウントダウン／日本でもダウンロード可、類似アプリも有）」というアプリを使っている。友人にもこのアプリをすすめている。

そんなアプリを使うなんてゾッとする、と思う人もいるかもしれない。だが、死を意識することで、人生という限られた時間の大切さがわかる。

たとえば、カウントダウンされる残りの「週数」を目にして、この人生であと何回週末を過ごせるかを想像する（いかに少ないか）。あるいは自分に残された「年数」を見れば、あと何回しかクリスマスや夏、秋を楽しめないかがわかる。

こんなふうに人生の残り時間の少なさがわかる数字を日常的に目にするようになって、私の考えや行動は変わった。

誰と時間を過ごすか、大切な人たちにどれくらいの頻度で「愛している」と伝えるか。死など存在しないかのように振る舞いたがる自分の本能に、ブレーキをかけられるようになったのだ。

「ゼロで死ぬ」とは、金だけの問題ではない。それは時間の問題でもある。**限られた時間とエネルギーをどう使うべきか**。私たちはそれを、もっと真剣に考えるべきだ。それが、人生を最大限に豊かにすることにつながっていくのである。

実践しよう

- 死ぬ前に資産が尽きてしまうことが不安なら、生きている限り一定の収入が保証される、長寿年金などの金融商品に目を向けてみよう。

RULE 5

GIVE MONEY TO YOUR CHILDREN OR TO CHARITY WHEN IT HAS THE MOST IMPACT

ルール5
子どもには死ぬ「前」に与える

死んでから与えるのは、遅すぎる

相手が誰であれ、ゼロで死ぬことについて話すたび、必ずと言っていいほど同じ質問が返ってくる。

「でも、子どものことはどうするの？」だ。

「そんなのは、子どものいない人間の言うことさ」と吐き捨てる人もいれば、私が2人の娘の父親だと知ったうえで、自分勝手な生き方の極みだという人もいる。

つまり彼らは、「自分のことだけを考えるなら、資産を使い果たそうとしてもいいだろう。でも、子どもたちの幸せについても考えるべきではないか？」と言いたいのだ。「自分以外の誰かを気にかけているなら、ゼロで死ぬなどできない。子どもたちのために金を残しておくべきだ。それは利己的な人間のすることであり、私のようなまともで思いやりのある人間はそんなことはしない」と。

こうした「私はあなたよりも道徳的な人間だ」という態度に、私も黙ってはいられない。なぜならそれは、とても偽善的だと思うからだ。この手の反論をしてくる人たちも、実際には子どもたちのことを後回しにしている。

親友から「でも、子どもがかわいそうじゃないか」と反論されたとき、私はまず、子どもたちに残すべき金は「別」だと言う。

そう、私は決して「子どもたちに与えるべき金までを含めて、死ぬ前に使い果たすべきだ」などとは言っていない。**子どもたちに与えるべき金を取り分けた後の、残りの「自分のための金」を生きているうちにうまく使い切るべきだ**と主張しているのだ。

あなたが親なら、当然、「ゼロで死ぬ」ことの計画には子どもの問題も含まれる。

まずは子どもたちのための金を取り分け（あなたはその金に手を付けてはいけない）、その後で残った金を自分のために使う。

それが子どもの問題についての、私の手短な答えになる。

そもそも子どもたちには、**あなたが死ぬ「前」に財産を与えるべきだ。**

なぜ、死ぬときまで待つ必要があるのか？

だから友人にも、こう言ってやった（少々乱暴な言い方をしているが許してほしい）。

「お前は本当にバカだな。じゃあ、お前は子どもたちのためにどれくらいの金を用意していて、いつそれを渡そうと思っているんだ？　それを真剣に考えたことはあるのか？」

私が言いたいのは、本当に子どもたちのことを第一に考えているのなら、自分が死ぬ前に寛大さを示してあげればいいということだ。

死んでから分け与えるのでは遅い。大切な子どもたちが、**受け取った財産を最大限に活用できるタイミング**を考えてあげるべきだ。

死後にもらうと、うれしさ半減、価値は激減

「ゼロで死ぬ」という考え方を聞き、「子どもに遺産を相続させないなんて身勝手だ、子どもが可愛くないのか」と反論する人に限って、人間はいつ死ぬかわからないから、老後のためにできるだけたくさん貯蓄しておくべきだとも考えている。

だが、それは矛盾していないだろうか？

子どもはとても大切だ。そして自分はいつ死ぬかわからない。ならば、大切な子どもたちに財産を分け与えることを、なぜそのいつになるかわからない日まで待たなければならないのか。そもそも、自分が死ぬときに子どもたち全員が生きているかどうかも保証されていないというのに。

これが相続の問題の本質だ。つまり、それは偶然に左右されすぎる。

ご存じの通り、人生は気まぐれだ。何が起こるかわからない。相続する額にかかわら

相続人の相続時年齢（所得層別）

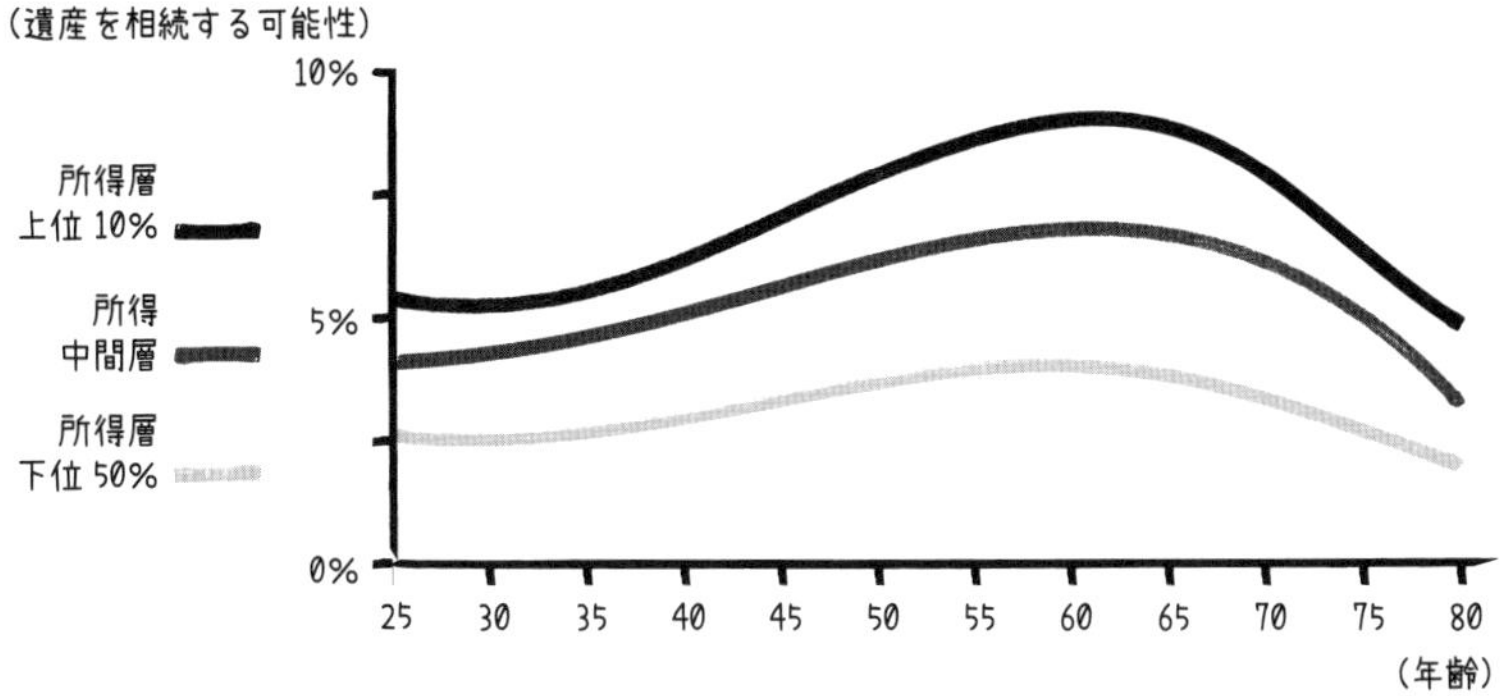

全所得層で、相続人の相続時の年齢は60歳前後がもっとも高い（2013～2016年）。

ず、受けとる側が一番金を必要としているタイミングでそれを手にするには、かなりの運が必要だ。

たいていの場合、相続のタイミングが遅すぎて、相続人は値打ちのある金の使い方ができない。

FRB（連邦準備制度理事会）の調査によると、人が遺産を相続するもっとも一般的な年齢は、あらゆる所得層において60歳前後でピークに達する（上図）。人々の平均寿命が約80歳で、親子間の一般的な年齢差が20歳であることを考えれば、当然の結果かもしれない。

もちろん、60歳よりも前に相続する人もいれば、後の人もいる。全体的にこのデータは正規分布（ベル形）になる。つまり、40歳前後（ピークである60歳の20年前）で相続する人が100人いれば、80歳前後（！）で相続する人も100人いるということだ。親以外から遺産を相続する場合もある。相続人が年齢を重ねるほど、そのケースは増える。だが、被相続人が親であれ他の誰かであれ、データははっきりと、人は晩年に相続することが多いことを示している。これは、最適だとは言えない。

死ぬまで子どもに財産を分け与えないことは、偶然に身を任せるということだ。私はこれを「3R」と呼んでいる。どれくらいの「額」を、「誰」に（自分が死ぬときにどの相続人がまだ生きているかはわからない）、「いつ」相続するか、ランダム（Random）に決まることになるからだ。

果たして、偶然に任せて与えることが子どもへの愛情と呼べるのだろうか？

そうではないはずだ。せっかく何年も働いて貯めた金を、誰に、いつ、どれくらい与えればもっとも効果的なのかを、もっと真剣に考えるべきだ。

事実、偶然に任せると、子どもたちは相続した金を最大限に活用できるタイミングを逃しやすい。

たとえばこれは、十分な財産がある母親がいながら、厳しい経済状況に苦しんだ女性の記事の概略である。

バージニア・コリンは離婚後、何年間も金に苦労した。元夫がろくに養育費を入れなかったため、貧困の一歩手前で4人の子どもを自力で育てなければならなかったからだ。後に再婚し、好条件のパートタイムの職についたとき、ようやく家計は安定した。

49歳のとき、当時76歳だった母親が亡くなり、かなりの額の遺産を相続した。バージニアを含む5人兄弟は、それぞれ13万ドルを受け取った。「5人分を合計した65万ドルは、相続税をかけずに相続できる上限額だったと思う」とバージニアは言う。おそらく、両親には子どもたちに遺したよりも多くの財産があったと考えられる。

もちろん、大金を得たことはとてもうれしい。「でも、もっと若い頃にもらえていたら、ずっと価値があったはずよ」とバージニアは言う。「その時点で、私はもう貧困の瀬戸際にはいなかった。裕福ではないにせよ、中流階級の快適な暮らしを楽しめるようになっていたから」

バージニアが手にした13万ドルは、もし10年前か20年前に手にしていたら彼女と4人の子どもたちの命をつなぐ金になっていたはずだ。だが、タイミングを逃したために、思いがけず転がり込んできたボーナスのようなものにしかならなかった。

何と残念な話だろう。彼女の両親には金がたくさんあった。しかし、世間の大勢の人たちと同じく、死ぬまでそれを子どもたちに分け与えようとしなかった。娘が、必死になって家族を養っていたのに、だ。

これはあくまで推測だが、もしバージニアの両親に「ゼロで死ぬ」ことを話したとしたら、ほとんどの人がそうであるように、こう尋ねてきただろう。

「でも、子どものことはどうするの？」と。

いつ、誰に、いくら与えるかを今すぐ考えよう

少々、辛辣《しんらつ》に聞こえたかもしれない。だが、誤解しないでほしい。世の中の大半の人々を偽善者呼ばわりしたいわけではない。

ほとんどの人は、「子どもたちのために」という善意を持っている。偽善者のように見えるのは、その意図に反して善意を行動で示せていないからだ。

どれくらいの財産を、いつ与えるかを意図的に考え、自分が死ぬ前に与える。それが、子どもを真に大切にし、自分よりも優先して考えていることにほかならない。

一方で、生前贈与の割合は、相続全体のごく一部にすぎない。１９８９年から２００

7年における家族間での財産承継のうち、全体の8～9割は被相続人が死亡した後である（私はこのパーセンテージがゼロになればいいと思っている。だが現実には早死にする人が一定数いるので2割でも十分だ）。

しかも、被相続人の意図もはっきりとはわからない。経済学者によれば、人が亡くなって子どもや孫に財産が相続されるとき、その動機には意図的なものとそうでないものが混じり合っているように見えると言う。

子どもに一定の財産を与えたいという意図はあるが、同時にその遺産には万一の事態に対する備えの意味合いもあったかもしれないからだ。老後にかかるかもしれない高額医療費のために金を貯めていたが、それを使うことなくして亡くなり、子どもたちにそれが相続された場合などだ。

財産贈与のデータを調べても、どこまでが意図的だったのかを線引きするのはとても難しいという。はっきりしているのは、誰かが亡くなり、身内がその財産を相続したということだけだ。

私が引っかかるのは、経済学者や相続人が被相続人の意図を把握できないことだけではない。そもそも被相続人に、どれだけの額を子どもたちに相続させるか、明確な意思がなかったと思われることが大きな問題である。

明確な意図があるなら、**相続させたい金と、偶然相続させることになる金を混ぜ合わせるべきではない**。どれだけの額を与えたいかをよく考え、自分が生きているあいだにそれを実行するべきだ。

娘に与えたいのは5万ドルなのか、2万ドルなのか？　額がいくらであれ、意図があるのならそれを生きているうちに実行しよう。

生きているうちに自分の金を意図的かつ有意義に使うべきであるのと同じように、子どもたちにも意図的かつ有意義な形で金を与えたほうがいい。

子どもが大切ならば、生きているうちにそれを態度で示すべきなのだ。

多くの人がそれをできていない大きな理由の1つは、意図的な行動の対極にある無自覚な生き方、すなわち「自動運転モード」に陥ってしまっていることだ。

このモードで生きていると、意図的に何かを考え、行動を変えなくてもいいのでラクだ。だからこそ、多くの人はそんなふうに生きている。

まわりを見渡しても、意図的な人生を送っている人は見当たらない。なら、自分も難しいことは考えずに生きていこう――。

そう考えてしまうのだ。自分がそんなふうに、大切なことから目を背けて生きていること自体に、無自覚な人も多い。自分の人生を意図的に生きていない人が、子どもへの財産に意図的になれるはずもない。

一方で、自動運転モードな生き方をあらため、子どもに必要なものを与えようと思っても、とある強力な力が立ちはだかる。

それは「恐怖」だ。バージニア・コリンの両親が、娘の危機に対して財産を与えようとしなかったのも恐怖があったからだろう。バージニアは次のように語っている。

父はドイツからの移民の息子として、大恐慌時代に育った。それもあってか、どれだけ貯金があっても「まだ足りないのではないか」という不安を抱き続けていた。たとえば、将来、多額の医療費が必要になるかもしれないと恐れていた。

結局、バージニアの父親は妻より長生きし、90代まで生きた。健康上の大きな問題を抱えてはいたが、その医療費も民間保険とメディケア（高齢者を対象とした公的医療保険制度）で大半をまかなえた。

もちろん、後で振り返って何かを言うのは簡単だ。彼は幸運だったと言えるかもしれない。もしアルツハイマーなどの高額で長期の治療が必要な病気にかかっていたら、貯金の大半を切り崩すことになっていたかもしれない。

だが前述したように、そのような場合は保険を活用すればいい。個人的にその費用を想定して多額の貯蓄をするより、はるかに少ない額で治療費を支払うことができる。世の中には、さまざまな経済的不安を対象とした保険がある。不安にかられて金を貯め込むより、保険商品を賢く利用することを考えるべきだ。

いずれにせよ、バージニアは両親との経験から、「子どもに財産を分け与えるのを自分が死ぬまで待つべきではない」という教訓を学んだ。

彼女には29歳から43歳までの5人の子どもと継子がいるが、夫と話し合い、必要に応じて子どもたちがある程度の年齢に達したときに金を与えてきた。

「たとえば、30歳のときにまとまった金が手に入ったら、素敵な家を購入して、子どもたちを良い環境で育てることができる。私のように苦労しなくてもすむわ」

バージニアは、そう話していた。

金の価値を最大化できる年齢は「26~35歳」

バージニアの例が示すように、鍵を握るのはタイミングだ。死ぬまで待つのが最適でないことは、もう理解してもらえたはずだ。では、子どもに金を分け与える最適なタイミングとは、いつなのだろう？

まずは、最適ではない時期について考えてみよう。

若すぎるとダメなのは、少し頭を働かせればわかるだろう。12歳や16歳の子どもに大金を与えようとする親はいない。未成年が資産をきちんと管理するのは難しいからだ。

だが当然、遅いほど良いわけでもない。まったく与えないよりはマシだが、それでも60歳よりは50歳、50歳よりは40歳のほうが最適なのはたしかだ。

譲り受けた財産から価値や喜びを引き出す能力は、年齢とともに低下する。金を楽しい経験に変えるあなたの能力が、老化とともに衰えていくのと同じだ。何かを楽しむには最低限の健康が必要になる。

その能力のピークが、気力と体力が充実している30歳だと仮定すれば、50歳では同じ価値を引き出せなくなる。あるいは、30歳のときに1ドルから引き出せた価値を得るのに、もっと多くの金（たとえば1.5ドル）が必要になる。

つまり、子どもが一定の年齢を過ぎると（あなたが財産を分け与えるのが遅くなるほど）、分け与えられた財産の価値は落ちていくことになるのだ。

もしあなたが私のアドバイスに従わず、死ぬまで子どもに財産を与えないという世間一般の方法を選んだとしよう。

あなたの寿命が86歳で、第一子とは28歳差だとする。すると、その子どもがあなたの遺産を相続するのは58歳のときになる。これだとすでに、財産から最大の価値を引き出せるピークの年齢をはるかに上回っている。

ピークの年齢を正確に示すデータは見当たらない。だが、私が人間の生理学や精神的な発達について調べた限りでは、26〜35歳にかけてがピークだと見なせる。58歳は明らかにそれを超えている。

私は最近、ツイッターのアンケート機能でもこのことを大勢の人に尋ねてみた。回答者3500人以上のうち、親の財産を引き継ぐ理想的な年齢として「46歳以上」を選んだのは6％とごくわずかだった。同じく、「36〜45歳」を選んだのは回答者の29％、「18〜25歳」は12％だった。

投票数の半数以上を獲得したのは「26〜35歳」であった。人生の早い段階でまとまった金を手に入れられれば、それを効果的に増やしたり使ったりできるから、といった理由があがっていた。

これらをすべて鑑《かえり》みての私の結論は、**「親が財産を分け与えるのは、子どもが26〜35**

歳のときが最善」というものだ。金を適切に扱えるだけ大人になっているし、金がもたらすメリットを十分に享受できるだけの若さもある。

実際には、こんなに若いときに財産を譲り受ける人は少ない。かなりの年齢に達したときに、親の遺産を相続するケースがほとんどだ。

だが、あなたが与える立場ならタイミングを自分で判断できる。何度も言う通り、子どもが金から最大の価値を引き出せる年齢を過ぎると、あなたが分け与える財産の価値はどんどんと落ちていく。

子どもにもっとも効果的な形で財産を分け与えたいのなら、額の多寡だけではなく、できる限り最適なタイミングを考えるべきだ。

私自身も、まさにそれを実践しようとしている。

2人の娘は、まだ財産を与えるのに最適な年齢には達していない。だから私は娘たちの学費用口座に財産を入れている。同じく、娘たちに財産を分け与えるための信託口座もつくっている。

この信託口座の金は彼女たちのものであり、私のものではない。私はこの口座に、適切だと判断する最大の額を入れるつもりだ。

私には継子の息子もいる。もう29歳なので、彼には与えるべき財産の9割をすでに渡した。彼はこの金で家を買った（こんなふうに、何回かに分けて財産を与えるのは良い方法だ。ただし、最後の分も子どもが65歳になるまで待たせたりすべきではない）。

私は、不慮の死を遂げたときに誰に財産を分与するかを記した遺書もつくっている。少し前に、この遺書に母や姉、兄など、自分より年上の親族の名前があることに気づいた。

それを見て、こう考えた。

本当に自分が死んだときまで待つ必要はあるのか？

今すぐに財産を分け与えたほうが、家族はその金をより有意義に使えるのではないか？

だから私は、実際に遺書に定めていた額を家族に与えた。

こうして子どもや家族に最大限に活かせるタイミングで財産を分け与えることで、自分の金と愛する人々との金を区別できるようにもなる。

それは、大きな解放感を与えてくれる。大切な人にあげるべき金はもう必要ないから、あとは気兼ねなく、自由に自分のために金を使えるようになるからだ。

子どもに渡す金が減ることを心配する必要もない。好きなだけ散財したっていい。子どもたちには人生の早い段階でまとまった金を与えられ、自分も使える金を明確にでき、その範囲で自由を満喫できるようになる。

親と過ごす時間が子に与える驚くべき効果

この章では、子どもに「金」を分け与えることについて説明してきた。「子どものことはどうするのか?」と人々が尋ねるとき、その大半は金の話をしているからだ。だが、あくまで金は人生を豊かにする手段にすぎない。「ルール2」でも説明したように、人生の最大の目標は、収入や資産を増やすことではない。大切なのは、経験とそれらがもたらす永続的な思い出によって、人生を充実させることだ。

当然、あなたの人生と同じように、子どもの人生についても同じことが言える。あなたが子どもとの思い出をつくろうとするように、子どもにもあなたと過ごした時間について思い出をつくってもらいたい。親と子、双方の思い出があるからこそ、真に価値のある記憶の配当が生まれるのだ。

あなたは子どもの記憶のなかで、どんな存在でいたいだろうか?

子どもと一緒にどんな経験をしたいか、と言い換えてもいい。

手遅れになる前に、それをよくよく考えておくべきだ。

なお、私たちが子どもに与えられる経験のなかには、一緒に過ごす時間そのものも含まれている。子どもにとって、親と過ごす時間は重要だ。子どもの心のなかにある親との思い出は、良くも悪くも彼らの生涯に影響してくる。

研究によると、**幼少期に親から十分な愛情を注がれた人は、成人後も他人と良い関係を築け、薬物中毒になったりうつ病を発症したりする割合が低くなる。**

また、中年の成人7000人以上を対象とした研究では、幼少期に親から受けた愛情の好影響が中年以降も持続することがわかっている。この研究では、被験者に親との思い出について多数の質問をした。

「親は、どのくらいの時間や愛情を与えてくれたか？」

「親は人生について、あなたにどれだけのことを教えてくれたか？」

「子どもの頃の両親との関係をどのように評価するか？」

などだ。これらに高い点数をつけた人ほど、子ども時代の親との思い出はポジティブなものになる。

研究の結果、幼少期に親から十分に愛情を注がれた思い出を持っている人は、中年になっても健康状態が良好で、うつ病の発症レベルが低いことが明らかになっている。

「子どもと何かを経験すること」というと、一緒にどこかに出かけたり、何かをしたりするイメージを浮かべる人が多い。だが、**親から人生を学ぶこと、あるいは単に一緒に過ごす時間も経験に含まれる。**

これらは、子どもの成長に必要不可欠だ。親から子に与えられた愛情や時間は、ときとして驚くべき形で報われる。

子どもとの経験か？　仕事か？

親が十分な時間を一緒に過ごしてくれなかった子どもの視点から考えてみよう。

私の友人は、父親から莫大な財産を譲り受けた。一方で子どもの頃は、父親が常に仕事で忙しく、ほとんど家にいなかった。だから経済的には裕福でも、彼の子ども時代は寂しいものだった。典型的な可哀想な金持ちの少年だった。

長年、父親が息子への愛情を怠ったことで、2人のあいだには亀裂が生じた。ようやく一緒に過ごせるようになった頃には、一緒にいると気まずささえ感じるようになっていた。

失われた時間と愛情を埋め合わせる術《すべ》はもう見当たらない。父親が自分に遺《のこ》してくれたものを考えるとき、友人が物質的な富を思い出すことはめったにない。

それはまさに、「キャッツ・イン・ザ・クレイドル」という曲の歌詞に出てくる、仕事で忙しく、「乗るべき飛行機と、支払うべき請求書」があるために、幼い息子をかまえなかったことを嘆く父親の姿そのものだった。

私もこの曲が大好きだ。子どもと過ごす時間を先送りすべきではないというメッセージにも心から共感する。

だが、この歌詞には欠けている視点もあると思う。たしかに、私たちは金のために忙しく働き、子どもたちと有意義な経験をすべきときが今であることに気づけない。

一方で、何かを優先させれば、何かを逃すのは自然の理だ。家族と過ごすその時間は、働いてお金を稼げたはずの時間でもある。その逆も然りだ。

つまり、人は大切なことだけに時間を費やすわけにはいかない。すべきこととのバランスを取らなければならない。

そこで大切なのは、**「金を稼ぐこと」と「大切な人との経験」をトレードオフの関係として定量的にとらえ、自分の時間を最適化する**ことだ。

だが、果たして子どもに与える経験の価値を定量化し、金を稼ぐことの価値と比べるなんて、本当にできるのだろうか？　ポジティブな思い出の価値を数値で計ることなどできるのか？

直感的に、そんなことは不可能だと思った人もいるかもしれない。思い出は数字には換算できない、と。

だが、こんなふうに考えてみたらどうだろう。

湖畔のキャビンで1週間、家族と過ごせるなら、あなたはいくら金を払うだろう。愛する人と過ごす1日に、いくらの値をつけるだろう。

それは、とても高額になるかもしれないし、そうならないかもしれない。

いずれにせよ、それを価格で表現できるということは、経験の価値は定量化できるということだ（この本の前半で経験をポイント化したように）。

子どもと過ごす経験の価値を定量化することは、子どものために本当にすべきことは何かを、立ち止まって考える良い機会になる。

それはときに子どものためにたくさんの金を稼ぐことにもなるだろうし、ときには一緒に多くの時間を過ごすことにもなるだろう。

経験を数値化することで、稼ぐために費やす時間が、子どもにとって本当にメリットになるかどうかも把握しやすくなる。「働くのは子どものためだ」と自分に言い聞かせ、もっと稼ぐことが無条件に良いと考えることもなくなるはずだ。

極端な例で考えてみよう。

あなたは大自然のなかで原始的な暮らしをしている。そして、家族が住む小屋を建てるために、材料となる木を切り倒す「仕事」がある。

これは、家族の安全を守るために最低限すべき仕事だ。だから家族と一緒に時間を過ごすより、仕事を優先させるのは理にかなっている。

だが小屋を建て、家族の安全を守れるようになったあとは、それ以上働く代わりに、子どもにポジティブな経験を与えることを選べるようにもなる。その経験のために必要な費用を稼ぐこともできるし、単に一緒に時間を過ごすこともできる。

いずれにせよ、働くことで得られる経済的な価値と、子どもと一緒に過ごすことで得られる経験の価値を比べれば、そのときに何をすべきかわかるはずだ。

もう1つ極端な例を挙げよう。

あなたは仕事で世界を飛び回り、子どもたちと過ごす時間をほとんど持てない億万長者だ。この場合も、経験の価値を定量的にとらえることで、次のように考えることができる。

「すでに莫大な資産があるのだから、たとえそれが仕事上でマイナスになるとしても、一緒に過ごす時間を少しでも増やすほうが子どもたちのためになる」

すでに富豪であるあなたにとって、仕事を休むことの経済的損失はわずかなものだ。一方で、仕事を休んで一緒に時間を過ごすことで子どもに与えられるメリットは計り知れない。差し引きで考えれば、あなたを含む家族は大きな利益を得ることになる。

もちろん、私たちのほとんどは、この2つの両極端な例の中間にいる。ただ生き延びるために働いているわけでもないし、仕事を優先させて子どもたちを完全に無視しているわけでもない。だからこそ、経験と金のトレードオフのさじ加減が難しい。

だが、基本的な考え方は同じだ。私たちは家族を養うために働かなければならない。仕事に費やす時間と子どもとの時間の最適なバランスを探すのは簡単ではないが、やはり定量的にとらえて考える必要がある。

このとき、あなたと子どもが人生のどの地点にいるかも重要だ。たとえば、「いつか、子どもとスキー旅行に行きたい」という望みをいつまでも先送りすることはできない。高齢になると、体力的に厳しくなるからだ。

同じように、6歳の子どもと過ごす時間を先送りし続けることもできない。子どもはいつまでも6歳のままではない。7歳のままでもないし、いつかは成人して子どもではなくなる。

かけがえのない機会が次第になくなっていく、という事実を意識しながら経験と金のトレードオフについて考える。すると、仕事をとるか、子どもとの時間をとるかの判断をより深く考えられるだろう。

また、子どもの視点で考えたとき、あなたが与えられる価値は何なのかも考えてほしい。

一緒に一日を過ごすことなのか？　学校から帰ってきたときに家にいてあげることなのか？　サッカーの試合や音楽の発表会を見にいくことなのか？

子どもたちは（特に幼い場合は）、これらの経験の価値をまだ理解できないだろう。たとえば私が、長女のスポーツの試合を観戦することに大きな価値があると伝えても、ピンとこないはずだ。だが間違いなく、こうした経験の共有には価値がある。将来振り返ったときによくわかるはずだ。

金に価値があるのは、それを使って〝有意義な経験〟ができるからだ。子どもと過ごす時間もこの有意義な経験に含まれる。

だから、**金は稼いでいても、一緒に時間を過ごせず、経験も共有できないのなら、それはむしろ子どもに大切なものを与えているのではなく、奪っていることになる。**

子どもの人生を豊かにするのも「金」ではなく一緒に過ごした「経験」なのだから。

なぜ彼女は、コツコツ貯めた820万ドルを寄付したのか?

ここまでは、最も効果的に子どもに財産を分け与える方法について解説してきた。ここで説明したポイントのほぼすべては、**慈善団体への寄付**にも当てはまる。

相手が子どもや慈善団体であれ、あるいは自分自身であれ、重要な概念は同じだ。それは、「物事には最適なタイミングがある。それは、決して死んだ後ではない」ということだ。

ニューヨーク・タイムズ紙に掲載され、大きな話題を呼んだ記事がある。

密かに財産を築いていた96歳の秘書が、死後に820万ドルを慈善団体に寄付。

まさに驚愕の出来事だ。この記事は、シルビア・ブルームという女性が、法律事務所の秘書として働きながら巨額の富を蓄えた経緯を説明している。

彼女は、結婚はしていたが子どもはおらず、ウォール街の法律事務所に67年間も勤務し続けた。法律によって値上げが規制されている割安な家賃のアパートに住み、地下鉄通勤をしながら90代まで働いた。

勤務先の弁護士たちが実践していた投資手法にならい、少ない給料を元手に資産も増やしていった。身近にいた人たちは誰も、彼女が巨大な財産を築いていることを知らなかったという。

遺書に従い、ブルームの財産は社会サービス団体「ヘンリーストリートセトルメント」に624万ドル、ハンターカレッジと同校の奨学基金に200万ドルが寄付された。ヘンリーストリートセトルメントの職員は腰を抜かしそうになったという。それは、同団体の125年の歴史のなかで個人から受け取った最高額の寄付金だったからだ。団体の責任者は、「彼女は無私無欲の極みだ」と称賛した。

しかし、本当に彼女が無私無欲だったかは、ハッキリとはわからない。

本人の意図が明確ではない限り、その人の行いの善し悪しや、それが合理的なのか非合理的なのかを第三者が勝手に決めることなどできないからだ。当然、私にもブルームの行為を評価する権利などない。

彼女が死後の寄付を前提にコツコツと貯蓄に励んでいたのか、あるいは単に節約が習慣になっていて大金が貯まり、結果として慈善団体に寄付したのかは誰にもわからない。私たちはそれを推測するしかない。

ブルームが貯蓄をしていたのは、将来の大きな支出に備えるためだったとも考えられる。たとえば、「70代で大病を患い、200万ドルもの医療費が必要になるかもしれない」と考えていたかもしれない。

あるいは、増えていく銀行口座の数字を眺めるのが好きだっただけの可能性もある。いずれ慈善団体に寄付をして世の中を良くしたいと思っていたというよりは、自分がうまく人生を生きていることの証しとして、貯金をゲームのポイントのように見なしていたのかもしれない。

あるいは、死後に慈善団体に寄付することは想定していたが、特に深い考えはなかったかもしれない。

結局、はっきり言えるのは、ブルームは倹約生活をして財産を築き、それを遺書によって慈善団体に寄付した、ということだ。

死後の寄付は非効率すぎる

もちろん実際のところ、彼女は生前、貯めた金がいつか善行に使われることに喜びを覚えていたかもしれない。

死後にチャリティに寄付をすることを想像して自分の心が満たされていたのなら、それも人生を豊かにする有意義な経験だと言えるだろう。

だが、もしそうだったとしても問題はある。

それは、彼女のように**死後に寄付するのは恐ろしく非効率である**ということだ。

たとえば、ブルームが生きているときに苦しい暮らしをしていた人たちは、彼女が他界するまで、寄付の恩恵を受けることはない。

また、ブルーム自身、資産が増え続けているのに、収入に見合わない質素な暮らしを続けていた。彼女が住んでいた割安なアパートも、ブルームより経済的に苦しい人が住むべきだったと考えることもできる。

なぜ彼女は生前に寄付をしなかったのだろう？

慈善団体の活動を有意義だと感じていたのなら、もっと早く支援すべきではなかったのか？

今となっては、真実はわからず、私たちは推測するしかない。

はっきり言えるのは、ブルームが寄付を死後まで待ったのは、効率が悪いということだ。もっと早い段階で寄付をしていれば、慈善団体はそれをもっと早く使うことができたし、より早く、多くの人々に利益をもたらすことができたはずだ。

そんな重箱の隅をつつくような細かいことを言わなくてもいいじゃないか、という人もいるかもしれない。

だが慈善団体は、今、寄付金を必要としている。

もちろん、寄付された金をすぐには使わない慈善団体もある。特に財団や寄付金ベースの非営利団体などは、支出を抑えて資産を増やそうとする傾向がある。

そのため、「寄付者は寄付金の使い道だけではなく、いつ使われるかを確認してから寄付すべきだ」と主張する専門家もいる。私も同意見だ。

だが、すぐに資金を必要としている慈善団体に寄付するなら、早ければ早いほどいい。

実際に、それを実行に移した人もいる。投資家のロバート・F・スミスだ。彼は、モアハウス・カレッジを2019年に卒業した生徒全員の学生ローンを自分の財産で返済した。

動機が何であれ、総額がいくらであれ、スミスは自分が死ぬまで待つことなく、今、学生たちがローンを抱えずに大学を卒業できるようにした。

教育に投資の利点があることは十分な裏付けからもわかっている。だからこそ、早く寄付をすることでその価値は高まる。

教育を受けることは、個人だけではなく、社会全体にも良い影響が生じる。教育を受ける人の数が多いほど、その社会では貧困や犯罪、暴力の発生率が低下する。これは教育がもたらす極めて重要な社会的利益だ。

経済学者が教育への投資収益率を数値化した結果、中等教育以上の教育が社会にもたらすリターンは年間10％を上回っている。これほど確実に高い収益率を生み出す投資はない。

つまり、**教育関連の慈善団体に寄付する意図があるなら、さらに自分で資産を増やしてからにするのは非効率**ということだ。

その場合、教育が生み出す10％以上の高い収益率で、あなた個人の力で寄付金を増やすことになるからだ。

ブルームも教育にかかわる団体へ寄付をしていたが、やはりそれは非効率だったといえる。

チャリティは待ってくれない

金を使う対象が自分であれ、大切な人であれ、慈善団体であれ、もっとも有意義な対象に、有意義なタイミングで使うようにすべきだ。

前述した通り、私は子どもが26〜35歳のときに財産を分け与えるのが最適だと考えている。あまりに若すぎると、大きな金をうまく扱えず、無駄に浪費してしまうことが懸念されるからだ。

だが、慈善団体への寄付の場合、早すぎて問題になるようなことはない。

たとえば医学研究に対してなら、寄付の時期が早ければ早いほど、その寄付金を使って病気の治療法の研究を進められるようになる。

世の中では毎日のように、私たちの生活を向上させるための新しい技術革新が起きている。こうした技術の進歩は、私たちの社会を大きく改善する。

だが、その実現には、今ある資金を最大限に活かして、できる限りの努力をしていく必要がある。だから、寄付をするなら早いほうがいい。

「ある慈善事業に多額の寄付がしたい。だから起業で成功し、多額の寄付金をつくるつもりだ」という友人もいた。

ここまで読んでくれた方であれば、私が彼になんと言ったかは想像できると思う。

「今すぐにその慈善事業に寄付をすべきだ」

私は、彼にそう伝えた。

起業をする資金があり、その目的が慈善事業への寄付金をつくることなら、その起業資金を丸ごと慈善事業に寄付してしまったほうがいい。たとえ何年後かに、ビジネスが成功して、もっと大きな額を寄付できるかもしれないとしても、だ。

なぜなら、慈善事業が取り組んでいる問題は「今」起きているからだ。**それを解決するのに相応しいのは将来ではない。今なのだ。**

実際、ここで伝えたアプローチを採用する慈善家も増えてきている。

億万長者の慈善家、チャック・フィーニーはこれを「生きているうちに与える(giving while living)」と呼んでいる。

デューティーフリー・ショッパーズ・グループ(空港などによくある免税店)の創設者として莫大な財産を築いたフィーニーは、私の主張の最高のロールモデルだ。フィーニーは若い頃からその資産を（匿名で）寄付し始め、80代になったときには通算で80億ドル以上を寄付していた。

フィーニーもシルビア・ブルームと同じく質素な暮らしをしていた。だがブルームとは異なり、資産を慈善団体に寄付するのを自分が死ぬまで待たなかった。

フィーニーは今80代で、妻と共にあえて賃貸アパートに住んでいる。その純資産は現在、これまでに寄付してきた額のほんの一部でしかない約200万ドルに減っている。だが、残りの人生を生きるためには十分な金だ。フィーニーはビル・ゲイツやウォーレン・バフェットなど、多くの大富豪に影響を与えてきた。

なお、「生きているうちに与える」を実践するのに金持ちである必要はない。それが数十億ドルであれ、数千ドルであれ、数百ドルであれ、原則は同じだ。

たとえば、大金がなくても発展途上国の人々を支援することはできる。セーブ・ザ・チルドレンコンパッションインターナショナルなどの団体を通じて寄付をすれば、年間500ドル未満で子ども1人が教育を受け、安全で健康的に成長することを支援できる。1人の子どもが教育を受けることは、その地域の将来の世代にも好循環をもたらす。

寄付をする経済的余裕がないのなら、金の代わりに時間を捧げるという方法もある。

だから、今すぐに行動しよう。

慈善事業への寄付金を遺して死ぬなら、「ゼロで死ぬ」ことにはならない。

寄付をする計画があるのなら、生きているうちに行動に移すべきだ。寄付は早ければ早いほど良い。**チャリティは待ってくれない。**

実践しよう

- 自分が生きているあいだに、子どもに財産を分け与えることを考えよう。
- 何歳のときに、どれくらいの額を与えるべきか、配偶者やパートナーとよく話し合おう。必要だと判断したら、すぐにでも行動に移そう。
- 財産分与や寄付については、事前に専門家にも相談しよう。

郵 便 は が き

料金受取人払郵便

渋谷局承認

2087

差出有効期間
2025年12月
31日まで
※切手を貼らずに
お出しください

150-8790

130

〈受取人〉
東京都渋谷区
神宮前 6-12-17
株式会社ダイヤモンド社
「愛読者クラブ」行

本書をご購入くださり、誠にありがとうございます。
今後の企画の参考とさせていただきますので、表裏面の項目について選択・ご記入いただければ幸いです。

ご感想等はウェブでも受付中です（抽選で書籍プレゼントあり）▶

年齢	（　　　）歳	性別	男性 ／ 女性 ／ その他
お住まいの地域	（　　　）都道府県　（　　　）市区町村		
職業	会社員　経営者　公務員　教員・研究者　学生　主婦　自営業　無職　その他（　　　）		
業種	製造　インフラ関連　金融・保険　不動産・ゼネコン　商社・卸売　小売・外食・サービス　運輸　情報通信　マスコミ　教育　医療・福祉　公務　その他（　　　）		

DIAMOND 愛読者クラブ　メルマガ無料登録はこちら▶
書籍をもっと楽しむための情報をいち早くお届けします。ぜひご登録ください！
● 「読みたい本」と出合える厳選記事のご紹介
● 「学びを体験するイベント」のご案内・割引情報
● 会員限定「特典・プレゼント」のお知らせ

①本書をお買い上げいただいた理由は？
（新聞や雑誌で知って・タイトルにひかれて・著者や内容に興味がある　など）

②本書についての感想、ご意見などをお聞かせください
（よかったところ、悪かったところ・タイトル・著者・カバーデザイン・価格　など）

③本書のなかで一番よかったところ、心に残ったひと言など

④最近読んで、よかった本・雑誌・記事・HPなどを教えてください

⑤「こんな本があったら絶対に買う」というものがありましたら（解決したい悩みや、解消したい問題など）

⑥あなたのご意見・ご感想を、広告などの書籍のPRに使用してもよろしいですか？

1　可　　　2　不可

※ご協力ありがとうございました。　【DIE WITH ZERO　人生が豊かになりすぎる究極のルール】109687●3350

RULE 6

DON'T LIVE YOUR LIFE ON AUTOPILOT

ルール6
年齢にあわせて「金、健康、時間」を最適化する

支出と貯蓄のバランスを最適化せよ

この本の冒頭では、私が20代のときに上司からバカだと言われたエピソードを紹介した。安月給をやりくりして金を貯めていることを誇りに思っていたら、上司のジョー・フレルに「これから収入は増えるのだから、今稼いでいる金を使わないのは愚《おろ》かだ」とたしなめられた話だ。

このアドバイスはジョーのオリジナルではない。若いときは節約よりも自由に金を使うほうが合理的だという考えを支持する経済学者は多い。

それは、私たちが大人になる過程で聞かされ続けてきたこととは違う。誰もが8歳や9歳になると、親から誕生日のお小遣いは全部使うのではなく、少しは貯金しておくべきだと教わる。大人になったら、ファイナンシャルアドバイザーから、できるだけ早いうちに給料の一部を貯蓄に回すべきだと言われる。

だが、若いうちに貯金を優先させるのは良くないと主張する経済学者は多い。『Freakonomics』(邦題『ヤバい経済学』、望月衛訳、東洋経済新報社刊)の著者として有名な経済学者スティーヴン・レヴィットは、シカゴ大学に着任したとき、ホセ・シャインクマンという年上の教授から、節約などしないで積極的に金を使うべきだと忠告されたという。シャインクマン自身、シカゴ大学の有名な経済学者であるミルトン・フリードマンから同じアドバイスをされている。

「これから給料は上がっていく。君が稼ぐ力は右肩上がりだ」

レヴィットは、先輩のシャインクマンの言葉を回想する。私がジョーに言われたのとほとんど同じアドバイスだ。

「だから今は節約するのではなく、むしろ金を借りるくらいでちょうどいい。10年後や15年後の今よりも豊かな暮らしを想定し、今からその通りに暮らすべきだ。倹約の大切さを教わった中流階級の家庭で育った私でもこう言える。今の君が金を惜しんで貯金に勤《いそ》しむのはバカげている」

レヴィットは、これまでの人生でこれほど価値のある経済的アドバイスをされたことはないと言う。私もジョーのアドバイスに対して同じ感想を持っている。

とはいえ、しばらくのあいだは、そのアドバイスにバカ正直に従いすぎてしまった。ジョーの言葉に目から鱗を落とした私は、熱心な改宗者のように、その前後で別人のようになってしまったのだ。

それまでの私は、現在のＦＩＲＥムーヴメント（経済的な自立と、早期の引退）に取り組む人々のように暮らしていた。少しでも安く暮らす方法を探し、将来のためにできる限り節約しようとしていた。

だが、ジョーの言葉が私を一変させた。ＦＩＲＥではなく、お札で炎《ファイアー》を燃やすような生き方をするようになった。

ジョーの言葉通り、次の数年間、私の収入は増え続け、そして支出も増え続けた。だが残念ながら、「記憶の配当」が得られるような心に残る経験はほとんどできなかった。なぜなら、深く考えることもなく、無駄金を使っていたからだ。

たとえば、私の耳では聞き分けられないほど高性能のステレオシステムを購入したり、味の違いがわからないのに高級レストランで食事をしたりしていた。目の前に選択肢があれば、「値打ちのあるほうはどちらか」とは考えもせず、ただ値段の高いほうを選んでいた。

浪費は将来も危うくした。自由に使える金だけではなく、いざというときの蓄えにまで手をつけていたからだ。もし失業したら、失業保険以外に頼れるものはなかった。１カ月分の給料さえ貯金していなかった。

私は今でも、若いときにリスクを取ることの価値を大いに信じている。だがそれは、そのリスクを取るだけのメリットがある場合に限る。メリットとデメリットをよく比較して判断すべきだ。

たとえば、若い頃にネパールへ旅行に行くことについて考えてみよう。この手の旅は、年を取ったら子育てや仕事で簡単にできなくなる。だから、それは取るに値するリスクだと考えられる。

あり金を全部使い、さらには借金をしてでも（友人のジェイソンがヨーロッパ旅行のために借金したように）、一生に一度の経験をするためにネパールに旅立つ価値はあるだろう。それは、無駄遣いではない。

だが当時の私の金の使い方は、そうではなかった。リスクを取る価値のないものに、散財していた。

若い頃に金をケチってばかりいるのは大きな過ちだと気づいたまではよかったが、その反動で、今度は闇雲に無駄金を使うという過ちを犯してしまった。以前は節約しすぎ、今度は無駄遣いしすぎた。

今の私には、はっきりわかる。ジョーのアドバイスに込められた真の知恵は、「収入は増え続ける」という明るい未来にだけ目を向け、使い道をよく考えることなく稼いだ金をすべて使うことではなかったと。その真意は、**今しかできない経験（価値のあるも**

のだけ）への支出と、将来のための貯蓄の適切なバランスを取ることだったのだ。

「収入の○割を貯金する」をやめる

私は、この支出と貯蓄のバランスが**人生のステージに応じて変化していく**ことにも気づいた。

だが、一般的な家計管理のアドバイスはそうなっていない。たとえば、ファイナンスの専門家は、年齢やそのときの経済的な状況にかかわらず、給料の一定額（たとえば、「1割」や「2割」）を貯蓄することをすすめている。

2割の場合を見てみよう。これは「50－30－20ルール」と呼ばれる一般的な家計管理のルールに基づいている。政界入りする前は破産を専門とする法学教授だった政治家エリザベス・ウォーレンは、家計を安定させるバランスの取れた金の使い方としてこの「50－30－20ルール」を提唱した。

このルールによれば、収入の50％は生活費（家賃、食費、公共料金など）に、30％は人生を楽しむため（旅行、娯楽、外食など）に使い、残りの20％は貯蓄や借金の返済に当てる。

特にルールを決めずに支出している人にとって、このルールは素晴らしい（かつシンプルな）方法に見えるだろう。実際、このルールは人気があり、多くの人が実践している。

だが、家計の安定だけに留まらず、「人生を最大限に充実させる」という本書の目標を実現するには、収入と支出のバランスをより洗練させなければならない。

私は、誰にとっても当てはまる収入と支出の比率はないと考えている。何より、**貯蓄に回すべき割合は、20代、30代、40代、50代と年齢によって変えていくべきだ。**最適なバランスは人によって異なるし、年齢や収入に応じても変化する。

50－30－20ルールなどは、つまり支出と貯蓄の比率を一定にすることを提案している。たとえば、収入の20％を貯蓄する50－30－20ルールでは、その比率は80対20だ。生きるために必要な支出（50％）を差し引いたとき、自由に使える金（私が「経験」と呼ぶもの）と貯蓄の比率は30対20となる。

このバランスを、人生を通して保つのは正しくない。ジョーや経済学者のレヴィットのアドバイスに同意している人なら、その理由がわかるだろう。**若く、これから数年間で収入の増加が十分に見込めるとき、収入の20％も貯蓄するなんてバカげている。**

レヴィットが言うように、しばらくは右肩上がりの収入が手に入るなら、金を借りたってかまわない（現在の収入より多くを使う）。もちろん、それはクレジットカードの借金を際限なく増やしてもいいということではない。当然、そのような高金利のローンを抱えるのは避けるべきだ。適度な額を、責任を持てる範囲で借りなければならない。

若くて今後も収入増が見込める状態で、何も考えずに収入の20％を貯蓄していたとしたら、思い出に残る経験に金を使うチャンスを逃していることになる。さらにいえば、将来、さらに豊かになるはずの自分のために、今の若い自分が稼いだ金を捧げていることにもなる。一生の視点でみれば、これは最適な金の使い方とは言えない。

80対20のバランスが若者にとって最適ではないことに同意してもらえたとして、今度はそれよりも少し年を取ったときのことも考えてみよう。

ある程度の年齢に達すると、当然、老後のために貯蓄を始めなければならなくなる。若い頃のように収入が増え続けるとも限らないので、将来への備えが必要だ。まとまった出費が必要なことも何かと増えるだろう。

そのため、貯蓄は多すぎず（経験を逃さないために）、少なすぎずが大切になる。今を楽しみつつ、将来にも備えられる最適なバランスが求められる。

ただし、貯蓄を始めるべき年齢に達したとしても、引退するまでずっと収入に対して同じ比率で貯蓄すればいいわけではない。そのような魔法の数字は存在しない。

なぜなら、金から楽しみを引き出す能力は年齢とともに下がっていくからだ。だから、貯蓄すべき年齢になっても、その割合は若いほど低くなるようにすべきだ。**人生の残り時間によって、今を楽しむことと将来に備えることとのバランスを最適化していこう。**20代、30代といった若い時期から、退職する、死の床につくといった人生の末期を想定し、そこから逆算して考えてみるといいだろう。すると、今このときをどう過ごすか、その金を本当に貯蓄にまわすべきかといった考えに微妙な変化が見られるはずだ。

健康は金より重い

年齢とともに支出と貯蓄のバランスを最適化する——。その理由は、金から楽しみを引き出す能力が年齢とともに下がっていくという事実に基づいている。

だからここでは、改めてその事実をあなたに実感してもらいたい。

死の床にいる人を見れば、それが正しいとはっきりとわかるだろう。

老衰し、身体を動かすこともできず、チューブで栄養をとり、排泄も自力ではできない。そんな状態では、人はそれまでの人生の経験を思い出すこと以外ほとんど何もできない。プライベートジェットを自由に使えたとしても、もうどこにも行けないだろう。貯金が100万ドルあっても、10億ドルあっても、残された人生でその金を使ってできることはほとんどない。

また、旅行に行くことを考えてもよくわかる。旅行を楽しむには、時間と金、そして何よりも健康が必要だ。

80歳の人は、体力面を考えると、あまり遠くには出かけられない。長時間のフライトや空港での乗り継ぎ、不規則な睡眠など、旅にはストレスがつきものである。年を取って体力が落ちると、こうした旅のストレスへの対処が難しくなってくる。

研究結果もこのことを裏付けている。さまざまな年齢の人に「旅行を躊躇《ちゅうちょ》する理由」を尋ねた調査によると、60歳未満は「時間」と「金」、75歳以上は「健康上の問題」と答える人が多かった。

つまり、年を取り、時間と金が旅を妨げなくなったときには、今度は健康の問題に直面するのだ。体力は年々衰えていく。**「健康上の問題は年齢が上がるにつれて大きな制約になり、高齢者では最大の制約になる」**とこの研究は報告している。

これは厳しい現実だ。健康は10代後半から20代をピークに、その後は低下し続ける。体力は急激に落ちることもあるが、通常はゆっくりと、私たちが気づかないくらいの速度で弱まっていく。

私も若い頃は、スポーツをするのが好きだった。特にフットボールが好きで、今でもその気持ちは変わらない。だが50歳になった今、健康だとはいえ、20歳のときほどプレーは楽しめない。もう若い頃のようには速く走れないし、怪我もしやすくなった。肩を痛めたり、膝を壊すかもしれないという不安もつきまとう。

同年代の友人たちも同じ意見だ。ある時点から、フットボールはプレーするより、昔のプレーを思い出すほうが楽しめるものになった。

スキーが大好きで（年齢の割には）体力のある友人グレッグも、最近1週間連続でスキーをしたそうだ。だが、20代前半なら余裕でできたのに、中年になった今では、体のあちこちが痛くてたまらなかったという。

もちろん高齢のスキーヤーの場合、合間の休憩を増やせばスキーを楽しみ続けることもできる。だが、だからといって若く体力があるときとまったく同じ経験ができるわけではない。昔なら、ゲレンデで1日に20回スロープを滑り下りることができたのが、今では頑張って15回になる。その日、スキーを楽しむために費やしたのと同じ金額で、以前の75％しか滑れなくなるというわけだ。

グレッグも、筋肉痛が治まれば再びスキーはできる。だが当然ながら、今後も体力は落ちていく。だから将来の楽しみは減っていくことになる。最終的には、スキーができなくなる日もやってくる。

あなたの体は、間違いなく、衰えていく

身のまわりにこうした体力の問題が忍び寄っている人が多いこともあって、私はいつもこの悲しい現実を意識せざるを得ない。バージン諸島のヨスト・ヴァン・ダイク島のビーチにある、ソギーダラーバー（濡れたドル札のバー）と呼ばれるスポットに行ったときにもそれを痛感した。

このバーには、ボートを停泊させるための桟橋がない。だからボートを沖合に停泊させ、バーのある陸まで泳ぎ（距離にすると30メートル弱くらい）、濡れたドル札で名物のペインキラーカクテルを買う。水中スクーターを使う人もいるが、泳ぐのが好きな人なら、このバーの店名どおりのユニークな体験を満喫できる。

私は、ガールフレンドの祖父であるクリス（当時69歳）とこのバーの付近にボートを停めた。彼は元水泳コーチで、泳ぎに自信がある。ぜひ自力で陸に行きたいというので、一緒に泳ぎ始めた。

ところが、残り3分の2くらいに差し掛かったところで後ろからクリスの叫び声が聞こえた。

「あとどれくらいだ!?」

私は「もう立つことができるよ！」（そこはもう浅瀬になっていた）と叫び返したが、聞こえていないようだった。

急いで近くに寄ると、彼は呼吸困難に陥っていた。心肺蘇生をしなければならないかもしれない。陸に上がったらすぐにAEDが手に入るかどうか、不安になった。

幸い、最悪の事態は免れた。クリスは落ち着きを取り戻し、15分後には呼吸と心拍数も正常になった。無事、濡れたドル札でペインキラーカクテルを買い、2人で堪能した。

とはいえ、肝を冷やすような体験だった。

クリスのような人は、自分の体力がどれほど落ちているかに気づかずに、若き栄光の日々を生き続けている。だが実際は、元水泳コーチであったにもかかわらず、もう30メートルも泳げなくなっていた。

こんなふうに、昔の感覚を引きずり、今の自分の体力をうまく把握できていない人は多い。**その感覚のズレが、老後もいくつになっても若い頃と同じようなことができるという思い込みにつながっている。**

「そういう人もいるが、自分は20年前より体力があるし、体調もいい」という人もいるだろう。

だが私に言わせれば、それは若い頃に健康に気をつかっていなかっただけだ。昔から健康管理をしていたなら、間違いなく20年前のほうが健康だし体力もあるはずだ。他の条件がすべて同じなら、20歳のほうが40歳より、55歳のほうが75歳よりも健康で体力があるのは紛れもない事実である。

医学的な観点からもそれは明らかだ。骨密度や目の健康（コントラスト感度、網膜の厚さ、視力など）、肺機能などが年齢とともに低下することを示す研究もある。心肺機能、認知機能、嗅覚なども同様だ。

さまざまな機能や器官は、年齢と共に、それぞれ異なる速度や曲線を描きながらその働きを弱めていく。安定した軌跡で低下していくものもあれば、急激に低下するものもある。

ただし、個人差はある。もともと健康状態が良い人、長期的に健康を維持できる人はいる。とはいえ、こうした健康データをどのように見ても、80歳のほうが25歳より健康面で劣るのは間違いない。

もちろん、体力の低下は個人の心がけ次第で、ある程度までは遅らせることができる。たとえば非喫煙者の肺機能が低下する速度は、喫煙者と比べてはるかに遅い。つまり、私たちは体力の低下に抗うことができる。

健康状態が良ければ、その年齢での経験をより充実したものにできる。一生を通じて健康を維持するほど、人生の充実度を上げられるのだ。

とはいえ、やはりどれだけ健康に気をつけていても、加齢には完全に抗えない。

私の場合、その事実が、何をいつ経験すべきかの判断に大きく影響するようになった。たとえば先日、友人とボートを借りて海に出た。そのとき、ウェイクボードに挑戦するか迷った。水上のスノーボードのようなスポーツだ。50歳の私は、まだウェイクボードを楽しめるだけの体力がある。

だが、7年後には今よりも確実に体力が落ちている。そのときにはもう、この手のチャレンジはできなくなっているかもしれない。つまり、今思い切って挑戦しなければ、この先はもうウェイクボードを楽しむチャンスはないかもしれない。

だから私は行動に移した。年を取って体力が落ちたとき、若い頃にもっといろんなことに挑戦すればよかったと後悔したくないからだ。

金の価値は加齢とともに低下する

さまざまな経験を選ぶ際には、そのときの年齢と健康状態を考慮すべきだ。さらに、体力だけではなく金のことも考えなければならない。端的に言えば、**まだ健康で体力があるうちに、金を使ったほうがいい**。

そう考え始めたのは、私がプレゼントした1万ドルを祖母が使い切れなかったというあの体験がきっかけだ。祖母はその1万ドルを私へのプレゼント（セーター）にしか使わなかった。他に使い道がなかったのだ。他の高齢の親戚も同じような感じだった。

肉親がそうなのだから、なおさら「いつかは自分も同じようになるのだろう」と思わざるを得なかった。

年を取れば、健康は低下し、物事への興味も薄れていく。性欲も減退するし、創造性も低下していく。かなりの高齢になり、衰弱してしまうと、できる活動は限られる。そうなったら、もう金は役に立たない。ベッドに寝転んでテレビのクイズ番組を見ることくらいしか、特にしたいこともなくなるだろう。

金から価値を引き出す能力は、年齢とともに低下していくのだ。

ただし、その能力の低下は、生まれた瞬間から始まるのではない。誰でも赤ん坊のときは金を使えない。世話をする費用はかかるが、赤ん坊が自分のために金を使うわけではない。ある意味、その金から価値を引き出す能力の低さは高齢者と似ている。つまり金は、人生の最初と最後ではほとんど価値がない。

では、人生の中間ではどうだろう?

私の場合、20代の頃は金を使って次々と新しい経験ができた。金から大きな価値を引き出せていた。

赤ん坊、20代、老人という3点を横軸(年齢)として、金で買える人生経験を楽しむ能力を縦軸にグラフで表せば、真ん中が膨れあがったベル型の曲線が描かれることになる。

仮に、生涯を通じて毎年同じ金額(たとえば10万ドル)を自由に使えるとすれば、年齢によってその金から引き出せる喜びの大きさは変わることになる。

つまり、金の価値は年齢とともに変化する。しかも、かなり予測可能な範囲で。20代も後半に差し掛かると、健康はゆっくりと衰え始める。それに応じて、金から価値を引き出す能力もゆっくりと低下していく。

そう考えると、どうすれば生きた金の使い方ができるかは自ずと見えてくる。経験を楽しむ能力が年齢によって変わってくるのなら、**能力が高いときにたくさんの金を使う**

経験を楽しむ能力は加齢によって低下する

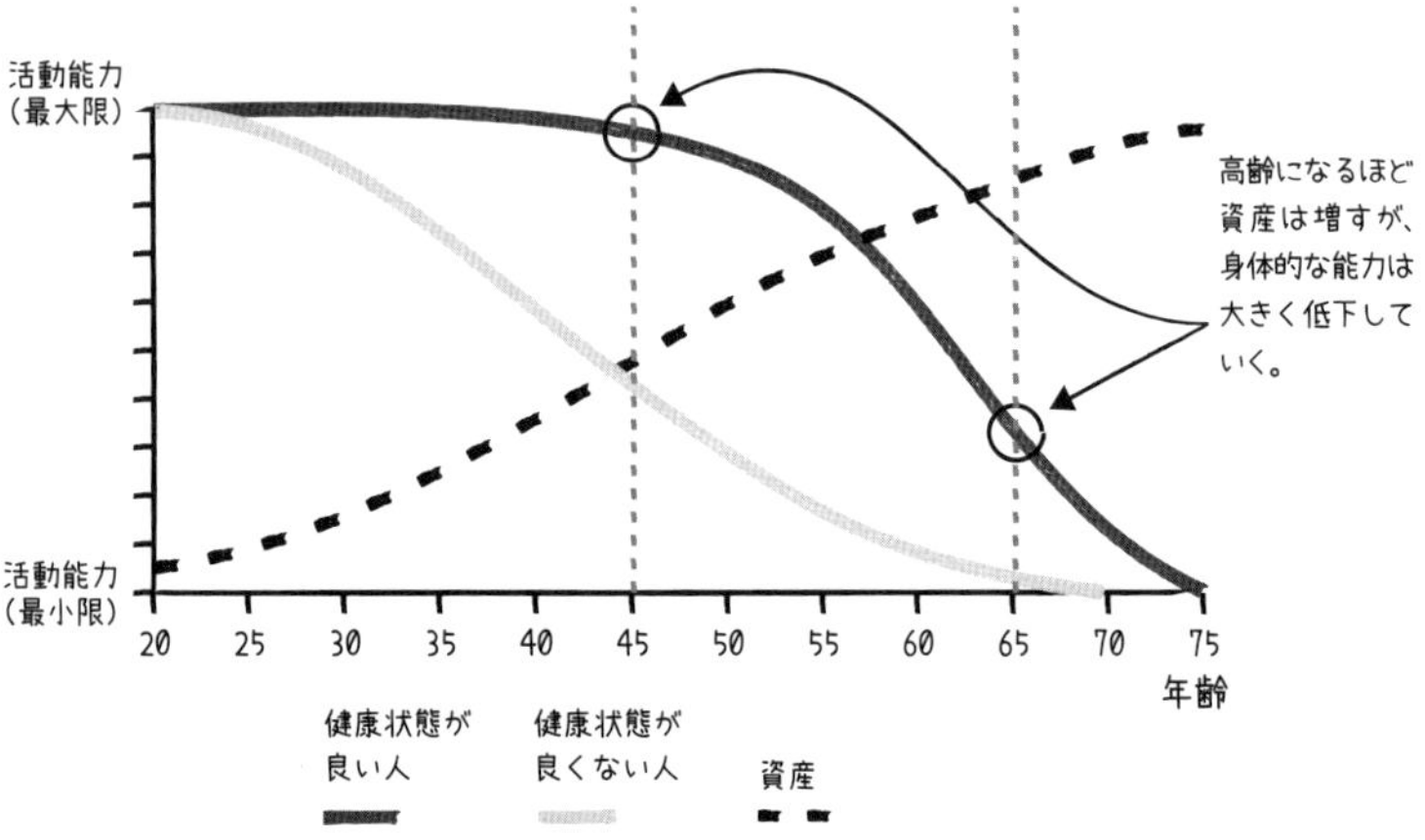

ことは理にかなっている。

同じ10万ドルを使うにしても、80代より50代のときのほうが価値を引き出せるのなら、80代に使うべき金の一部を50代に回すことが、人生を豊かにするための賢明な判断だと言える。同じ理由で、20代や30代、40代に多くの経験ができるように多めに金を使い、老後は支出を抑えるという方針を立てることもできる。

このような視点を意識することで、年齢と共に変化する「金から価値を引き出す能力」を考慮した生涯の支出計画を作成できるようになる。

また、経験から価値を引き出しやすい年代に多くの金を使おうとするなら、貯蓄に関する計画もそれに合わせて変更していかなければならない。

これはすでに説明した通り、現役時代を通じてずっと収入の20％を貯蓄するのではなく、20代前半は貯蓄せずに経験に投資することを優先させ、収入が増える20代後半から30代にかけては収入の20％を貯蓄し、40代ではこの比率をさらに上げていく、といった方法だ。そして最終的には貯蓄の比率を下げ、支出が収入を上回るようにする（詳しくは「ルール8」で説明する）。

もちろん、これは誰にでも当てはまるわけではない。

たとえば、ウォーキングなどあまり金のかからない活動を好む人もいるし、特別な体力がなくても楽しめる活動だってたくさんある。どれだけ貯蓄すべきかも、収入が上がる割合や、住んでいる場所によっても変わる。人によって置かれている状況は千差万別なので、誰にでも当てはまる黄金のルールは存在しない。

ただし原則は1つだ。

経験から価値を引き出しやすい年代に、貯蓄をおさえて金を多めに使う。この原則に基づいて、支出と貯蓄のバランスを人生全体の視点で調整していくべきである。

私たちはずっと、老後のために勤勉なアリのように金を貯めるべきだと言われてきた。だが皮肉にも、**健康と富があり、経験を最大限に楽しめる真の黄金期は、一般的な定年**

の年齢よりもっと前に来る。

この真の黄金期に、私たちは喜びを先送りせず、積極的に金を使うべきだ。老後のために金を貯め込む人は多いが、「人生を最大限に充実させる」という観点からすれば、これは非効率的な投資だ。

単にまわりがそうしているからという主体性のない理由で貯めている人も多いが、金は将来のために取っておいたほうが良い場合もあれば、今使ったほうが良い場合もある。その都度、最適な判断をしていくべきなのである。

今、金を使うべきか迷ったら

ここまで、金から楽しみを引き出す能力が年齢とともに低下することを見てきた。それは、あなたが年を取るほど、経験の先延ばしにかかる「金利」が高くなるということでもある。

たとえば、あなたが20歳だとする。この年齢では、何らかの経験を先送りにしても、また1、2年後に同じ経験をするチャンスが巡ってくる確率は高い。そのため、金利は低くなる。

20歳のあなたは、この夏の休暇にメキシコ旅行を計画している。すると、上司からこう引き留められる。

「メキシコ旅行を計画しているのは知っている。だが、どうしてもこの夏は君の力が必要なんだ。申し訳ないが、旅行に行くのは来年の夏にしてくれないか？　その代わりに、旅行代金のX％を払う」

悪くない話だ。あなたは同意するために、何％の金利を要求するだろうか？　10％？　それとも25％？

次に、あなたが今80歳だとしよう。この年齢になると、経験の先延ばしへの代償は格段に高くなる。金利は20歳のときよりもはるかに高くなる。

もし、「旅行代金の50％を支払うから、来年に延期してほしい」と頼まれたとしても、必ずしも首を縦に振るとは限らない。80歳なら、その金利は50％を超えることもあるし、100％を超えているかもしれない。

また、もしかするとあなたは末期の病気に罹《かか》っているかもしれない。1年後にはこの世にいないかもしれない。そうなれば、金利など意味はなくなる。どれだけ金を積まれても、あなたはもう貴重な経験を先送りできない。

このように、あなたの「金利」は年齢とともに上がっていく。

もし、この考えが理にかなっていると思った人は、これから体験に金を払おうとするときに、**今すぐ金を支払うべきか、別の機会のために金をとっておくべきか**を立ち止まって考えてみてほしい。

金利の喩えがしっくりこない人は、経験を「倍」にして考えてみよう。

それは、1960年代にスタンフォード大学の心理学者ウォルター・ミッシェルが幼稚園児を対象に行った有名な心理実験「マシュマロテスト」の設定と同じだ。

「今、目の前にある1個のマシュマロを食べるか、15分後に2個のマシュマロを食べるか」と尋ねられた3歳児の多くは、後者を選ぶと答えた。だが、実験室から人がいなくなると、マシュマロの誘惑に負けてしまう子も少なくなかった。

大人は一般的に、子どもよりも我慢強く喜びを先延ばしにできる。だが、先延ばしをしすぎて損をするケースも少なくない。

この**「今の1つか、未来の2つか」**という考え方は、経験の選択にとっても素晴らしい指針となる。

たとえば、今年の休暇に旅行に行くか、それとも来年以降に先延ばしにするか迷ったとする。このとき、**「今年旅行に行くか、それともX年後に2回行くか」**と考えてみるのだ。

Xはどのようにして導けばよいのだろうか。

まず、経験に使える金があるとする。10ドルでも100ドルでも1000ドルでも、いくらでもかまわない。あなたはこの金を今使うこともできるし、後で使うためにとっておくこともできる。

後で使う場合、マットレスの下にでも隠しておかない限り、物価上昇率を上回るリターンが期待できる投資先（株式市場など）に預けるので、金は増える可能性がある。このインフレ調整後の金利は「実質金利」と呼ばれる。

投資期間が長くなるほど、金は増える。このため数年後には、元金（たとえば100ドル）が2倍（200ドル）や3倍（300ドル）になる可能性がある。

投資に対するリターンが年率8％として考えてみよう。この割合だと、100ドルは5年間で147ドルになり、10年間で216ドルになる。つまり、今何かの経験に金を払うのを我慢して10年運用すれば、同じ経験を2回以上できることになる。

だが、今できる経験を2回するために、本当に10年も待つべきなのか。

その判断は完全にあなた次第だ。それがどんな経験であるかによっても大きく違う。

今1つか、後で2つかを検討するためには、当然、その経験が繰り返し行えるものでなければならない。だから、結婚式や家族の卒業式など、一生に一度のイベントは対象外になる。

また、先延ばしすることで、より良い体験ができる可能性も検討しよう。先送りによって使える金が増え、同じ体験でも、より一層楽しめるようになることがあるからだ。

たとえば、ラスベガスで遊ぶなら、経済的に余裕のある40歳のときのほうが、貧乏な20歳のときよりも満喫できるはずだ。同じラスベガス旅行も、まったく異なる体験になるだろう。

もちろん、20歳の若者がラスベガスに行っても楽しめないわけではない。私が言いたいのは、**先送りすることで楽しみが増える経験もある**ということだ。

このように、経験の性質も「今か、先延ばしか」の判断に大きく影響する。とはいえ一般的には、若いときは経験を先延ばししようとし、年を取ったら今を優先させる傾向にあると言えるだろう。

20歳なら、10年後でもまだ体力はある。だから今旅行に1回行くより、30歳のときに2回行ったほうが楽しめると判断するのも妥当だとも言える。

だが70歳の人は、80歳になるまで旅行を先延ばしにはできない。そのときには、もう体力もかなり落ちている。だから、今の1回を選択するほうが合理的だ。

これは「金利」の喩えとよく似ている。年を取るほど、たとえ誰かに金を積まれたとしても、経験を先延ばししたくないと考えるようになるのである。

「金」「健康」「時間」のバランスが人生の満足度を高める

人が人生を最大限に充実させるための3大要素、「金」「健康」「時間」のバランスについても考えてみよう。

問題は、これらのすべてが同時に潤沢に手に入ることはめったにないということだ。

一般的に、若いときは健康で自由な時間もあるが、金はあまりない。逆に、老後生活を送っている60代以上の人は、時間は豊富にあり、たいてい金も持っている。だが、残念ながら健康状態は衰えている。だから、若者と比べて時間と金から価値を引き出す能力は低い。

この両端の中間に位置し、健康と富のバランスの良い年代を、私は人生の真の黄金期と考えている。たとえば35歳の人は、25歳の人と同じくらいの体力があり、収入も多い。40歳（さらには50歳）は30歳に比べると体力は落ちるが、まだ十分に元気で、25歳や35

年齢による金、健康、時間のバランスの変化

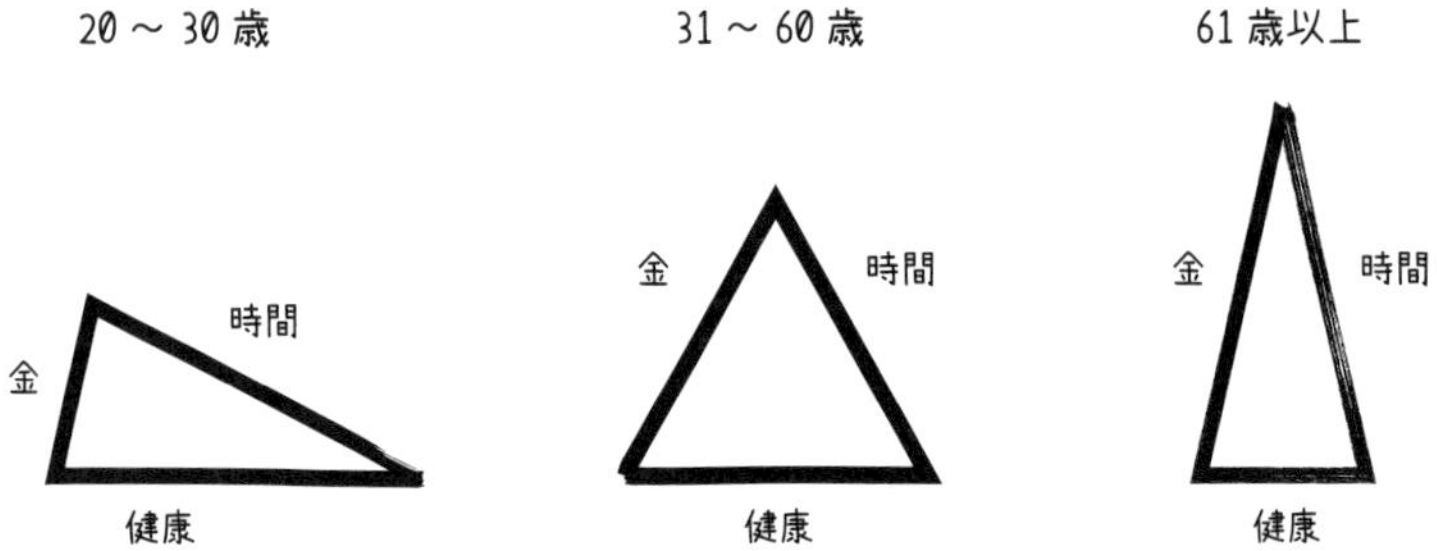

各年代で、金、健康、時間のバランスは異なる。人生を充実させるためにはこの3要素のバランスが取れていることが望ましい。そのため、その年代で豊富な要素（例：金）を不足している他の要素（健康や自由な時間）と交換するのは良い考えだ。

歳に比べると収入は多い。特別に若くもなく、年もとっていない中年の年代は、バランスが取れている。

だが、別の問題がある。この年代の人は、時間が不足しがちなのだ。特に子どもがいる場合はそうなってしまう。人生を充実させる経験には大きな障害となる。

もちろん、子どもは素晴らしい人生経験をもたらしてくれる。だが、おむつを換えたり、習い事やスポーツへの送り迎え、家事をしたりと、他の経験をするための時間が削られるのも事実だ。また、子どもはいなくても、多くの金を稼ぐために20代の頃より長時間働いている人も同様である。

各年代に応じた人生を充実させる経験を増やすには、この「金」「健康」「時間」のバラ

ンスを取る必要がある。そのときに豊富なものを、足りないものと交換しなければならない。

人は年齢に応じてこの交換を行っているが、間違いを犯しているケースが少なくない。特に金に比重をかけすぎている。

たとえば若者は、豊富な時間を金に換えている。だが、それが過度になることが多い。若いときは、もっと自由な時間を大切にすべきだ。中年の人は、余裕があるなら、もっと積極的に金で時間を買うべきだ。

つまり、金ではなく、健康と時間を重視すること。それが人生の満足度を上げるコツなのである。

これからその理由を詳しく説明しよう。

健康の改善は、人生を大改善する

年齢を問わず、健康ほど、経験を楽しむ能力に影響するものはない。健康は、金よりもはるかに価値が高い。どれだけ金があっても、健康をひどく損ねていたらそれを補うのは難しい。だが、健康状態が良好なら、たとえ金は少なくても素晴らしい経験はできる。

これは、極端に健康状態が悪い場合だけに当てはまるわけではない。たとえば、太っていれば、人生の楽しみを味わうチャンスを逃すことになる。

あなたのまわりにも、肥満のために膝が悪い、運動不足で筋力が落ちている、体型にコンプレックスがあるといった理由で、ハイキングや水泳、日光浴などを避けている人はいないだろうか。誰かと一緒にハイキングに出かけたとしても、すぐに息が上がって、せっかくの機会を存分に楽しむこともできない。

なかには、若い頃はスポーツマンだったのに、運動をやめたことで10キロも20キロも体重を増やしてしまった人もいる。1日中パソコンと向かい合うような仕事をしている人も、太ってしまうことが多い。**その仕事で収入が増えたとしても、そのお金で楽しめるだけの健康を損なってしまっている。**

日頃から健康に苦しむ患者を目の当たりにしている医療従事者でさえ、必ずしも健康に気を配れているとは限らない。

マサチューセッツ州のカイロプラクター、スティーブン・スターンも、数十年にわたって患者を治療しながら、自らも体重の問題に悩まされてきたことを告白している。運動で体重を減らしても、結局その習慣を続けられずに元の体重に戻り、苦労して身につけた体力も落としてしまう。

彼は59歳のとき、この負のスパイラルから抜け出そうと決意した。患者の多くがたどるような不幸な運命を避けたいと思ったからだ。

スターンに関する記事は、こう伝えている。


スターンは、自分と同年代（もしくはそれ以下の年齢）の患者が、身体能力を失うケースを数え切れないほど目にしてきた。その原因は怪我や病気だけでない。単なる怠慢な健康管理が多くを占めていた。

さらに彼は、この年齢で健康を大きく崩すと、元に戻すのが極めて難しいことも知っていた。


スターンは60歳になる手前で、もう一度体力を取り戻すことを決心した。そして、それ以前とは異なり、段階的に体力をつけるアプローチを取った。若い頃のように激しいトレーニングはもうできなくなっていたからだ。

このゆっくりとした着実なアプローチは功を奏した。ウォーキングと体操を通して、体力をかなりのレベルまで上げることができた。また、長年悩まされてきた膝の痛みは消え、筋力やバランス感覚も格段に向上した。今では66歳にして、30歳の人にもできないような、膝を曲げたままの逆立ちまでできるようになった。

また、努力によって自信も生まれ、新たな挑戦にもチャレンジできるようになった。娘と一緒に登山をするなど、楽しい経験を味わえるようにもなった。

だがスターンは、自分が30歳の人と同じではないことは知っている。手にしたのは、自分の年齢としては十分に満足のいくレベルの健康だ。

「私は老人であり、老人ができる範囲で身体を動かせるだけさ」

そう語っている。

スターンのようなエピソードは、心に訴えるものがある。私たちは、「何かを始めるのに遅すぎることはない」というメッセージが大好きだ。だが、私はそのことを伝えたいわけではない。実際のところ、数十年も健康管理を怠っていれば、取返しがつかなくなることもある。手遅れにならないよう、健康への投資はできる限り早く始めたほうがいい。

私がスターンのエピソードを通じて伝えたかったのは、**あらゆる年代で、健康の改善は人生を改善する**ということだ。確実に、経験をもっと楽しめるようになる。

ある経験から最大の価値を引き出すために金、健康、時間の3つが必要であるなら、もっとも大きく影響するのは健康である。健康を損なえば、生涯の充実度は大幅に下がってしまう。

健康悪化の影響は、複利的に膨らむことが多い。たとえば現在、ベストの健康状態から見て2%マイナスだとすれば、その低下率は年々増えていき、10年後や15年後には20%ほどになっている可能性がある。

たとえば、あなたが5キログラム太りすぎだとしよう。今現在では、たいした問題ではないように思える。だが、体重が1キロ増えると、膝には4キロの負担が余分にかかる。5キロの太りすぎは、膝に20キロの余分な負担をかけることになる。

すると当然、時間の経過とともに膝の軟骨がすり減り、痛みを感じるようになる。天然の緩衝装置である膝はダメになり、長時間歩くと苦痛が生じ、走ることはまったくできなくなる。

その結果、運動不足になり、さらに体重が増え、他の健康問題も引き起こされる。アメリカで、肥満の増加に伴って膝関節の置換手術が急増しているのも不思議ではない。

このように、最初はたいした問題でないように思われる健康の悪化が、他の深刻な健康問題を招き、いずれ日常的な動作すらままならなくなる。先に述べたように、人生とは動くことである。動くことが苦痛になったり制限されたりすれば、できる経験の幅も減ってしまう。

誰もが人生最後の日まで元気でいたいと願っているが、実際には若い頃から健康を損ね、その悪影響を指数関数的に増やしているケースが少なくない。健康管理をおろそかにした結果として、人生を充実させ、喜びを味わう能力を加速的に低下させているのだ。

アインシュタインは、「複利は宇宙で最大の力だ」と語ったらしい。**健康の小さな変化は、人生全体の充実度に甚大な悪影響を及ぼす可能性がある。**

若い頃に健康に投資した人ほど得をする

だが、良い知らせもある。健康を少しでも改善すれば（たとえば、1％でも健康を向上させ、悪影響の複利効果を回避すれば）、人生トータルでできる経験が大幅に増加する。

誰もが、「年齢にかかわらず、健康には惜しみなく時間と金を投資すべきだ」というアドバイスを耳にしたことがあるはずだ。一般的に、医療費は加齢と共に上がっていく。人は高齢になるほど、病気の治療や延命のために健康に金を使おうとする。

だが、**若い頃に健康に投資するほうが、人生全体の充実度は高まる。**食生活に気をつけ、筋肉を鍛えておけば、できるだけ長く健康を保て、経験も楽しめる。70代になっても、老人向けのスポーツだけでなく、スキーやテニスも楽しめ、スリムな体型を維持し、階段を上り下りする、椅子から立ち上がる、食料品の袋を運ぶなどの日常的動作も快適になる。

今あなたが、観光する、スノーボードを楽しむ、幼い子どもたちと遊ぶ、といった活動でどれくらい早く身体が疲れるかは、その日をどれくらい楽しめるかに大きく影響する。これから先の人生で、その積み重ねがどれほどの違いになるかを考えてみてほしい。

それもあって、私は健康の目標を仲間内での賭け事にするのが好きだ。

友人がフルマラソンを完走できるか、目標体重まで減量できるか、といったことに金をかけて楽しむのだ。これまで数え切れないほどこの手の賭けをしてきたが、大切なのは金ではない。人生に大きな影響を与える健康目標を達成しやすくなることだ。

最近のお気に入りは、ポーカー界の2人の若い友人、ジェイムとマットのステープル兄弟との賭けだ。

ジェイムは太っていて、過去に何度も減量に失敗していた。逆にマットは痩せていて、筋肉をつけたがっていた。私は2人のモチベーションを高めるために、1年後に彼らが同じ体重に達する（正確には、1ポンド以内の誤差になる）ことができたら、大金を払うと言った。

すると2人は驚くような努力をし、見事な変身を遂げた。ジェイムは50キログラム近くも減量し、マットは20キログラム以上も体重を増やした。

2人の挑戦前後の写真は、インターネットで見ることができる。2人は賭けに勝ったことに大きな喜びを感じ、成果を誇りに感じている。

だが、仮に彼らがあとわずかの差で賭けに負けていたとしても、失った金よりも、得た健康のほうがはるかに大きかったと言えるだろう。2人の若さを考えればなおさらだ。

彼らは、目標を達成したことで得られる充実感を、これから先、何年も享受できる。健康の向上で得られるメリットは、良い老後を過ごせるだけではない。健康への投資は、今、このときから味わうあらゆる経験にかかわってくるのだ。

中年期には、金で時間を買いなさい

私は、バランスの取れた充実した生活を送るために、金で時間を買うことも大切だと考えている。これは特に、ある程度の収入はあるが、時間は足りていない中年期の人たちにとって効果が高い。

その典型例は洗濯だ。誰もが毎週の洗濯を面倒だと感じている。だがこの家事は、専門のサービスに安く外注できる。

たとえば、あなたが時給40ドルで働いているとする。毎週、1週間分の洗濯物を洗濯機にかけ、乾かしてたたむのに、2時間近くかけているとしよう。

だが高性能の設備を備え、毎日24時間洗濯を行っている専門サービスに50ドルを支払えば、はるかに手際よく、きれいに仕上げてくれる。

はたして、1週間分の汚れた洗濯物を自宅まで取りに来てもらい、翌週きれいに折りたたんだ衣類を届けてもらうサービスに週50ドルを費やすことに価値はあるのか？

もちろん、ある。あなたの時給は40ドルだから、2時間は80ドルに相当する。その分、働いたほうが効率がいい。

もちろん、この浮いた2時間は、仕事に費やさなくてもかまわない。子どもを公園に連れて行ったり、読書をしたり、友人と昼食をとったり、洗濯するよりも楽しい経験に使えばいい。

洗濯はほんの一例だ。同じことは掃除のような他の家事にも当てはまる。私は、収入が少なかった20代の頃から、こうしたアウトソーシングを積極的に利用してきた。だから、土曜日の朝はアパートの部屋を掃除するのではなく、セントラルパークでローラーブレードをして遊んだり、サラベスでブランチを楽しんだりすることができた。今では、そんなふうに金を使った自分に感謝している。生涯消えることのない、楽しい週末の思い出をたくさんつくれたからだ。

金に余裕があるほど、このアプローチを採用すべきだ。**時間は金よりもはるかに希少で有限だ。**私自身、常に金を時間に換える方法を模索している。1日は24時間しかない。だが、工夫次第で自由な時間を最大限増やすことはできる。

これは単なる私自身の経験則や持論に留まらない。心理学の研究もこれを裏付けている。**時間をつくるために金を払う人は、収入に関係なく、人生の満足度を高めることがわかっているのだ。**言い換えれば、金で時間を買うメリットを享受するのに、金持ちである必要はない。

ある実験では、仕事を持つ人を対象に、時間の節約に金を使わせた（別のグループには同じ額でモノを購入させた）。その結果、時間の節約に金を使うほうが大きな幸せを感じられる理由が明らかになった。

時間節約型のサービスを利用すると、時間のプレッシャーが軽減され、その日を気分良く過ごせるようになるのだ。こうしたサービスを繰り返し利用していると、毎日を気分良く過ごせ、人生全体の満足度が高まることもわかった。

私もこの説明は理にかなっていると思う。だが、メリットは他にもあると考えている。つまり、金を払って面倒な雑事から自分を解放するということは、マイナスの人生経験を減らし、プラスの人生経験（それをするための時間を手に入れたので）を増やすことになる。これで、幸福感が増さないはずがない。

これまでの人生を振り返って、時間よりも金に比重を置いていたと後悔する人もいるかもしれない。今35歳や40歳のあなたであれば、20代は仕事ばかりしていて、素晴らしい経験を逃してきたと悔やんでいるかもしれない。

過ぎ去った年月は戻ってこない。だが、人生のバランスを取り戻すことはできる。まだ健康なうちに、20代でできなかったことにたくさんチャレンジしてみよう。若い頃に働き詰めではなかった同世代の人よりも、経験に重点を置こう。

どんな瞬間にも、そのときにすべき理想的な経験がある。

そう考えて、最適な時間の使い方を模索しよう。

実践しよう

- 現在の自分の健康状態について考えよう。将来、体力が衰えたときには難しい、今しかできない経験にはどのようなものがあるだろうか？
- 今後の人生の経験を向上させられるような健康を改善する方法を具体的に1つ思い浮かべてみよう。
- 健康のために食生活を改善する方法を学ぼう。私が自信を持っておすすめできるのは、ジョエル・ファーマン著の『Eat to Live』だ。
- 将来の経験をより楽しむために、身体を動かす機会（ダンスやハイキングなど）を増やそう。
- 時間不足で経験をする機会を逃しているなら、金で時間を買う具体的な方法を今すぐ検討してみよう。

RULE 7

THINK OF YOUR LIFE AS DISTINCT SEASONS

ルール7
やりたいことの
「賞味期限」を意識する

いつまでも子ども用プールで遊べると思うな

2人の娘が小さかった頃、私はよく一緒に『くまのプーさん　ザ・ムービー／はじめまして、ランピー！』を観た。これは友情についての甘く純朴な物語で、とてもよくできた子ども向けアニメだ。私はこの映画が好きで、娘たちと一緒に何度も繰り返し観ていた。

だがある日、10歳の次女にこの映画を観ようと誘ったところ、断られてしまった。どうやら、もうこうした子ども向けの映画は見たくないということらしい。

あらかじめこうなることを知っていたのなら、私はもっと娘たちと一緒にこの映画を観ようとしただろう。

だが残念なことに、私たちは何かをできなくなるときの正確な日付を事前に知ることはできない。大切なものは、知らないうちにゆっくりと遠ざかっていく。にもかかわらず、私たちは何かがゆっくりと終わりに近づいていることに目を向けず、それが永遠に続くかのように思い込んでいる。

物事は永遠に続かず、いつかは色褪せ、消え去っていく。それを理解することで人は、目の前にあるものにもっと感謝できるようになる。

私がこの本全体を通して伝えようとしているメッセージも、人はいつか死に、年を取るにつれて健康は次第に衰えるという厳然たる事実に基づいている。死は、どう生きるべきかという問題に重要な示唆を与えてくれる。

あまり知られていないが、**人は生涯を通じて何度も小さな死を経験する。**詳しくは後述するが、それはつまり「人生は、次々とステージが移行していく」という普遍的なプロセスを意味する。この章では、その事実に目を向けることが、私たちの思考や行動にどう影響するかについて見ていこう。また、期間を区切った「死ぬまでにやりたいことリスト」（タイムバケット）と呼ばれるツールで、具体的な人生計画を立てやすくする。

『くまのプーさん』のエピソードも、人生のステージが移行していくことの一例である。何年ものあいだ、私は幼い子どもたちと一緒にお気に入りの映画を観る父親としての生活を送っていた。だが、ある日突然、私と娘たちが過ごしていた人生のステージは終わりをつげた。

もちろん、私はまだ生きている。娘たちと他の経験を楽しむことはできる。彼女たちのサッカーの試合を応援したり、ダンスの発表会を鑑賞したり、一緒に旅行に出かけたりすることだ。だが、それもいつかは終わる。娘たちは大人になり、子どもの成長を見守る父親としてのステージも終わる。

同じように、年齢を重ねて老いていけば、水上スキーを楽しんだり、ポーカーの大会に出場したり、飛行機に乗って見知らぬ土地を旅したりすることも、いつかはできなくなる。

どんな経験でも、いつか自分にとって人生最後のタイミングがやってくる。

早いものもあれば、遅いもの（そうであることを願いたい）もあるだろう。だが遅かれ早かれ、生きているあいだに間違いなく訪れることに変わりはない。

あなたを暗く悲観的な気持ちにさせたいわけではない。私たちが死ぬ日と、何らかの経験を楽しめなくなる日は違うということが言いたいのだ。

ティーンエイジャーの自分、大学生の自分、独身で気ままな暮らしをしている自分、幼子の親である自分――。

どの自分も、いつかは終わりのときを迎える。人生の過程で小さな死をいくつも体験するというのはそういうことだ。

それを「死」と呼ぶのは少しきつい表現だし、受け入れられないかもしれない。だが、私が伝えたいことの意味は理解してもらえるのではないだろうか。

私たちは皆、人生のある段階から次の段階へと前進し続ける。ある段階が終わること

で小さな死を迎え、次の段階に移る。

二度と同じときを過ごせないのは悲しいことだが、逆に言えば、私たちが長い人生のあいだに、いくつもの生を生き、喜びや楽しみを味わえるということでもある。

それぞれの生を豊かにしようとするときに問題になるのは、後戻りができないことだけではない。それがいつ終わるか、とてもあいまいということだ。

過去を振り返ってみよう。幼なじみの友人と最後に外で遊び回ったのはいつだろう？　学生時代の恩師が他界する前に、最後に言葉を交わしたのは？　正確な日付は思い出せるかもしれない。だが、おそらくそれが最後の機会になるとは事前にわからなかったはずだ。

学校生活や旅行とは違い、私たちの人生のさまざまな段階は、はっきりとした合図もなく始まり、終わることが多い。その期間が重なっていることもあるが、遅かれ早かれ終わりを迎える。

つまり、ある段階でしかできない経験を先延ばしできるのは、その段階が終わるまでに限られるということだ。

それは、大型リゾート施設にあるプールに似ている。ここには、幼児が水遊びをするための浅型のプールや、小学生から高校生くらいまでが遊べるウォータースライダー付きのプール、大人専用のプール、高齢者専用のプールがある。それぞれのプールには、年齢制限が設けてある。

成長に合わせて、年齢に合ったプールで泳ぎ方を学ぶことはできる。だが、子どもの頃にウォータースライダーが怖くて尻込みしていた人は、いったん大人になってしまえば再び挑戦するチャンスはもうない。

さまざまな経験のなかには、将来に先延ばししても特に問題がないものもある。20代のときに行けなかった旅行を、まだ体力がある30代に楽しむことはできる。だが体力が落ちていくにつれ、先延ばしできる期間にも限度が出てくる。

実際のところ、私たちが思っているほど先延ばしできない経験は多い。にもかかわらず、私たちはそれを自覚していない。まるで、いくつになっても幼児用や子ども用のプールで遊び続けられると思っているように。

喜びを先延ばししすぎた後悔は、人生の終わりに一度だけ味わうわけではない。それは長い人生のなかで、何度も繰り返し頭に浮かんでくるものだ。

高校生活で楽しい経験には目もくれず勉強に明け暮れたティーンエイジャーも、子どもたちとのかけがえのない時間を逃してまで仕事を優先させた父親も、一生、後悔し続けることになるだろう。

何かを経験するチャンスがなくなる直前になって、ようやく自らの過ちを悟ることもある。たとえば、子どもが巣立つ準備をしているとき、初めて「もっと一緒に時間を過ごせばよかった」と後悔する。「人生の次のステージでは、こんな後悔をしないように生きよう」と決意することはできても、過ぎ去った時間は取り戻せない。

一番の悲劇は、死ぬ間際まで機会を逃したことへの後悔の念を抱かずに生きることだ。そのときにはもう、生き方や考え方を改める時間すら残されていない。心のなかで、自分の過去を受け入れるよう努めるくらいしか救いはない。

死ぬ前に後悔することトップ2

考えや行動を変える時間が残されている人にとって、死の床にある人たちの後悔の念が役に立つことがある。もちろん、人生を振り返ったときに何を後悔するかは人それぞれだ。だが、多くの人に話を聞くと、共通のパターンが浮かび上がってくる。

オーストラリア人のブロニー・ウェアは、長年、緩和ケアの介護者として数多くの患者を看取ってきた。彼女は、余命数週間の患者たちに人生で後悔していることについて聞いていたそうだ。そのなかで、もっとも頻繁に耳にした「5つの後悔」をテーマにしたブログ記事は大きな話題を呼んだ。このブログは後に書籍化もされている。その5つのうち上位2つの後悔は、本書の主張にも重なる。

最大の後悔は、**「勇気を出して、もっと自分に忠実に生きればよかった」**であった。他人が望む人生ではなく、自分の心の赴《おもむ》くままに夢を追い求めればよかった、と。

人々は、自分の夢を実現できなったことを後悔していた。自分の心の声に耳を傾けず、誰かに用意された人生を生きていると、人生の最後に大きな後悔を抱くのかもしれない。

多くの人々が、人生の最後に「働きすぎなければよかった」と後悔するのもそのためだろう。よく言われるように、「人生を振り返ったとき、オフィスで長時間を過ごさなかったことを後悔する人などいない」のである。

実際、ウェアが患者から聞いた後悔のなかで2番目に多かったのは(男性の患者では1位だった)は、**「働きすぎなかったらよかった」**だ。これは、まさに私が本書で主張していることの核心だとも言える。

「私が看取った男性はみな、仕事優先の人生を生きてきたことを深く後悔していた」とウェアはつづっている(女性にも仕事をしすぎたことを後悔する人はいたが、患者の多くは高齢者であり、まだ女性が外で働くのが珍しい時代を生きてきた人たちだ)。

さらに、働きすぎは後悔しても、一生懸命に子育てしたことを後悔する人はいなかった。多くの人は、働きすぎた結果、子どもやパートナーと一緒に時間を過ごせなかったことを後悔していたのだ。

「いずれ失われること」に目を向ける効用

ここで、深呼吸して考えてみよう。

人はいつか死ぬ。人生の最後にこれまでを振り返ると、さまざまな後悔が浮かんでくる——。

そんなふうに考えるのは、とても憂鬱に思えるかもしれない。いつかは永遠に失われるものに目を向けるなんて、わざわざ悲しい気持ちになるつもりなのか、と。

だが意外にも、**もうじき失われてしまう何かについて考えると、人の幸福度は高まることがある。**

そのことをよく表す、大学一年生を被験者にした心理学の実験がある。一方のグループの学生には、30日後にキャンパスから遠く離れた場所に引っ越すことを想像させ、今後の30日間の行動を計画させた。つまり学生たちにとってこの期間は、大学生活を通じて出会った人と会ったり、気に入った場所を日常的に訪れる最後のチャンスになる。この30日間、1週間ごとに、学生たちはその週の自分の行動を記録した。

もう一方のグループには、特に何も指示は与えず、普段どおり過ごすように指示した（当然、学生たちは残り少ない学生生活を満喫しようとしたりはしなかった）。

その結果、何が起こったか？

30日後に引っ越すことを想像したグループの学生は、そうでない学生に比べ、幸福度が上がっていた。特別な何かをするにせよ、いつもと同じことをより楽しもうとするにせよ、残された時間が少ないと想像するだけで、学生たちは充実した時間を過ごせたのだ。

この実験から学べるのは、**人は終わりを意識すると、その時間を最大限に活用しようとする意欲が高まる**ということだ。

見知らぬ土地を観光するとき、私たちはこれと同じような体験をする。滞在期間が1週間だとしたら、最終日までのあいだにできるだけたくさんの名所を訪れ、ツアーやアクティビティにも積極的に参加しようとする。

遠くに住む友人に会いに出かけたときも同じだ。一緒にいられる時間は限られているから、その貴重なひとときを最大限に味わいたいと思う。

だが、自宅にいるときはそんなふうに行動はしない。私たちは、いつもの日常がこれからも続いていくのを当然だと考え、積極的に誰かと会ったり、どこかに出かけたりはしない。それはある意味で当然だ。誰もが忙しく毎日を過ごしているのだし、毎日を旅行中のような気分で過ごすのは非現実的だ。

私たちは、地元の博物館やビーチにはいつでも行けると思っているし、友人ともいつでも会えると思っている。その結果、夜は自宅でテレビを見て過ごし、週末も特に何をするわけでもなく無駄にしてしまう。

人は豊富で無限にあると感じられる何かに対しては、その価値を低く見積もりがちだ。だが現実には、**人生の各段階で使える時間はそれほど多くはない。もちろん無制限でもない。**

この本の他のトピックとは違い、「人生は有限の期間で区切られたいくつかのステージに分けられる」という考えに目を向けるとき、金はあまり重要な意味を持たない。

もちろん、各段階で何かを経験しようとすれば金が必要になることもある。だが、その限られたステージを最大限に充実させるために、大金が必要になるわけではない。たとえば、山登りをする、子どもを遊びに連れて行く、といったことがしたいなら、自分の予算にあった方法でそれを実行すればいい。

「タイムバケット」で後悔しない人生をつくる

ではここで、人生の各段階の有限さを意識しやすくするシンプルなツールを紹介しよう。「タイムバケット」というツールだ。「自分は残りの人生で何をしたいのか」を、大まかな時間的枠組みのなかでとらえることができる。

このツールを使えば、死ぬまでに経験したいことを各段階別にリストアップして行動計画を立てられ、先延ばししすぎるという過ちを避けやすくなる。

具体的な活用法を説明しよう。

まず、現在をスタート地点にして、予測される人生最後の日をゴール地点にする。それを、5年または10年の間隔で区切る。区間は、たとえば5年区切りなら「25〜29歳」、10年区切りなら「30〜39歳」といったものになる。これがやりたいことを入れる「タイムバケット」（時間のバケツ）となる。

次に、重要な経験、すなわちあなたが死ぬまでに実現させたいと思っていること（活動やイベント）について考える。私たちは誰でも夢を持って生きている。だが、単に頭で考えているだけではなく、実際にそれをすべて書き出すことが大切だ。

完璧なリストである必要はない。これからの人生でやりたいことすべてを、今の時点で把握できているとは限らないからだ。

新しい経験や人との出会いによって、それまでは想像もしなかった「やりたいこと」がリストに加わる可能性は大いにある。人生は発見の連続だ。折に触れて、このリストに新たな項目を付け加え、内容を修正していけばいい。

とはいえ、あなたはすでに、はっきりとした「死ぬまでにやりたいこと」のアイデアをいくつも頭に描いているはずだ。たとえば、子どもを持つ、ボストンマラソンを走る、ヒマラヤをハイキングする、家を建てる、特許を申請する、起業する、「国境なき医師団」のボランティアをする、ミシュランの星つきレストランで食事をする、サンダンス映画祭に参加する、50回スキーをする、オペラを鑑賞する、アラスカにクルーズ旅行する、古典小説を20冊読む、スーパーボウルをスタジアムで観戦する、ゲームの大会に参加する、イエローストーン国立公園に行く、秋のバーモント州を旅行する、子どもたちとディズニーランドに3回行く……。こんな感じで、自由な発想でやりたいことをいくつも書き出してみよう。

このリストは、あなたという人間をよく表すものになる。あなたは、人生で積み重ねた経験でつくられているからだ。

なお、リストを作成するときは金について心配する必要はない。これは重要なポイントだ。このリストをつくる目的は、「どのような人生を送りたいか」を想像することだ。この時点では、金のことは気にせず、死ぬまでにやりたいことを無条件で考えてみよう。

リストを作成したら、次はそれぞれの「やりたいこと」を、実現したい時期のバケツに入れていく。

たとえば、「残りの人生であと50回スキーに行きたい」のなら、それを実現したいのは、どの5年区切り、または10年区切りの期間になるだろうか。まだ金のことを気にする必要はない。その経験を人生のどの時期にしたいかということだけに注目しよう。「やりたいこと」をバケツに入れていく作業は、簡単なものもあれば、難しいものもある。はっきりとどの時期に実現したいかがわかるものもある一方で、旅行など、いつでもできると思えるようなものもある。ただし、すでに述べたように、70代や80代のときよりも、40代や50代のときのほうが旅をしやすいのは事実だ。

「やりたいこと」のなかには、人生の特定の時期に行ったほうがより満足度が得られるものもあるだろう。

たとえば、一般的に、登山をしたりロックコンサートを鑑賞したりするなら、若いほうが高齢になってからよりも楽しめる。当然ながら、体力が求められる活動は、全般的

タイムバケットの作成例

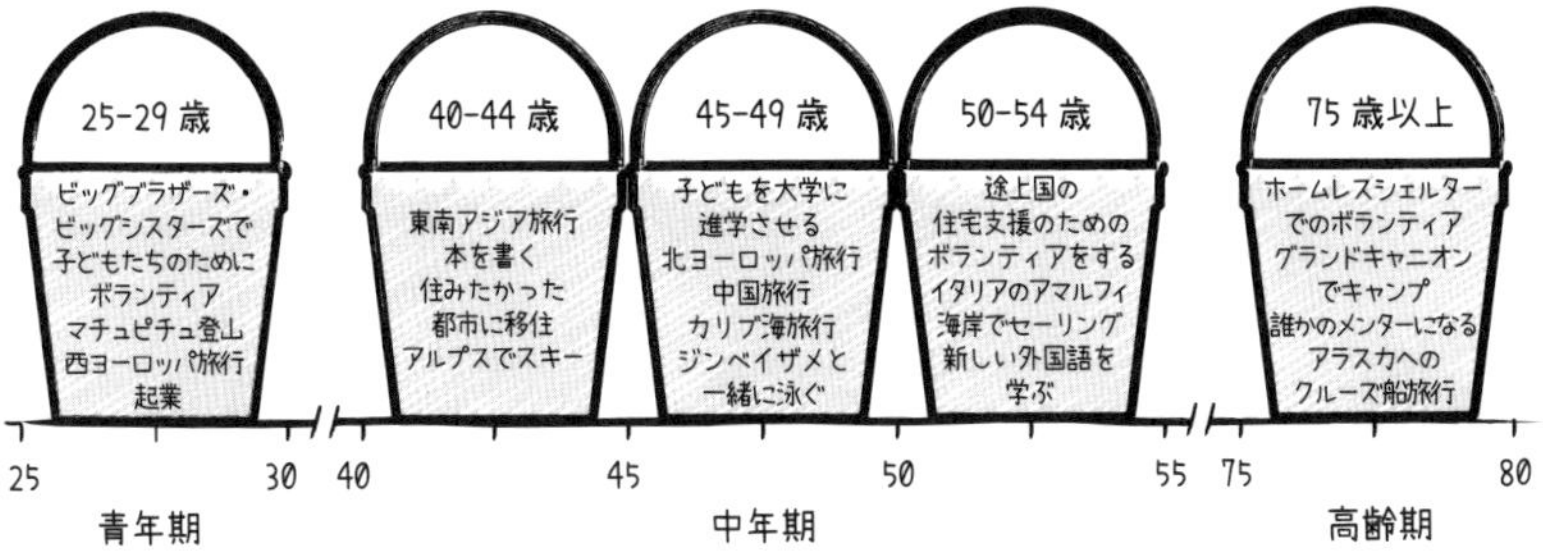

「死ぬまでにやりたいことリスト」の項目を期間区切りのバケツに振り分けていくことで、残りの人生で、何を、いつしたいのかが明確になる。

にタイムバケットの左側（若い時期）に寄ることになる。

もちろん年を取ってからもハードな活動は楽しめる。70代になってもフルマラソンを走る人もいる。キャサリン・ベイアーズという女性は、85歳のときにボストンマラソンを完走した。とはいえ、それはかなり例外的なケースだ。彼女の場合も、このレースは人生で14度目に完走したフルマラソンだった。

「死ぬまでにやりたいことリスト」に期間を設定すると見えてくるのは、**物事にはそれを行うための相応しい時期がある**、という事実だ。

また、期間を明確にすることで、同じ期間での両立が難しい「やりたいこと」があることに気づくかもしれない。具体的な計画を立てなければ、いつまでたっても実現しないものがあることもわかるだろう。

これは、いわゆる一般的な「死ぬまでにやりたいことリスト」（バケットリスト）とは対照的だ。

期間を区切らない従来型のバケットリストは、年齢を重ね、人生の残り時間が少なくなってきたことに気づいた人が、焦る気持ちで、生きているうちにやりたいことを書き出すことが多い。事前に計画していたというよりは、慌てて残り少ない時間で何かをしようとする、受け身の発想で生まれがちだ。

一方のタイムバケットでは、人生に対して積極的なアプローチが取れる。残りの数十年の人生を5年や10年の単位で分け、期間内でやりたいことを実現させていく具体的な計画を立てられる。漠然と「死ぬまでにできたらいいな」と夢想することとは大違いだ。やりたいことを現実的な問題としてとらえられるようになる。

また、実際に期間で区切ることで、年代を問わず実現できそうな「やりたいこと」にも気づくだろう。たとえば、図書館を利用する、クラシック映画を鑑賞する、小説を読む、チェスをプレーするなどは、年を取ってからでも十分に楽しむことができる。クルーズ船での旅行なども同様だ。

その一方で、すべての「やりたいこと」があらゆる年代に均等に振り分けられず、ある期間に集中する傾向もわかるはずだ。

グラフで表せば、中央を頂点として左右がなだらかに下がっていく「ベル型の曲線」の右半分のような形をとる。

金の問題は気にせず、健康と時間のみに目を向けると、体力があって子育てにも時間を取られない若いときに、さまざまな経験（特に、体力が求められる活動）をしたいからだ。

また家族をつくりたい人は、子どもと一緒に過ごしたい経験が増えるので、30代や40代がピークになることが多い。

では、金のことを考えるとどうなるのか。

ここまでは金のことは気にせず、人生でやりたいことについて考えてきた。金を気にしてしまうと、「楽しそうだけど、金がないから無理だ」と簡単に夢を諦めてしまうからだ。経済的な問題ばかりを気にしていると、時間と健康は有限だというシビアな真実から目を背けやすくなってしまう。

とはいえ、金は現実的な問題でもある。そこで次の「ルール8」では、まだ経験を楽しむ時間と体力があるうちに、金を最大限に活用して、人生の充実度を高める方法について説明する。

実践しよう

・人生の残りすべてを期間で区切って計画を立てるのは大変だと感じた場合は、10年区切りのバケツを3個つくり、今後30年間に何がしたいかを考えることから始めてみよう。このリストにはいつでも項目を追加できる。年齢や体力面の問題が制約にならないうちに、早めに計画を立て、やりたいことを実現させていこう。

・この章の冒頭で述べたように、私はある日突然、お気に入りの「クマのプーさん」の映画を娘と一緒に観られなくなってしまった。子どもがいる人は、子どもが成長して次の段階に移るまでに一緒に何をしたいかを考えてみよう。今後1、2年のあいだに子どもたちとしたいことは何だろうか？

RULE 8

KNOW WHEN TO STOP GROWING YOUR WEALTH

ルール8
45～60歳に
資産を取り崩し始める

人生最大で最高のパーティー

最近、私は50歳の誕生日を迎えた。素晴らしい時間を過ごせたが、人生最高の日とはいえなかった。

私の人生最大かつ最高のパーティーは、5年前に催《もよお》したものだ。私は45歳の誕生日をできる限り記憶に残るものにするために壮大な計画を立てた。家族、そして人生の各ステージで共に過ごした大切な友人たちを、私が地球上でもっとも好きな場所、美しいカリブ海に浮かぶセント・バーツ島に招くことにしたのだ。ここは私が新婚旅行で訪れた島でもある。

もちろん45歳は、盛大なお祝いをする特別な節目の年齢ではない。だが、50歳になるまでは待てなかった。母はすでに高齢だったので、まだ元気なうちに楽しんでもらいたかったからだ（すでに父は身体が弱っていて飛行機には乗れなかった。だからこそ、母に参加してもらうことに意義があった）。

それに、友人たちだって年々年を取っている。全員を招待できる機会が次にいつくるかなんてわからない。私は、今が一生に一度のパーティーを開くチャンスだと直感し、それをなんとしても実現させると決心した。このパーティーを、残りの人生でいつまでも記憶に残るような、忘れがたい体験にしよう、と。

もちろん、そのためには金がいる。幸い、私はこのときエネルギー分野のトレーダーとして脂がのっていて、経済的にとてもうまくいっていた。

だが、幼少期から大学時代の友人を含め、このパーティーに招待したい人たちの多くは、セント・バーツ島までの飛行機代と、私が目星をつけていた海沿いのホテルの部屋代を払う経済的な余裕はないだろう。

私は、招待客の費用は自分が負担すべきだとわかっていた。経験の質は、誰と一緒にいるかによって変わる。それが一生に一度のパーティーならなおさらだ。

とはいえ、大富豪ではない私の資産は限られている。費用を試算すると、とてつもない額になった。この夢のお祝いをするために、私の資産のかなりの部分が費やされてしまう。それがどんなに素晴らしいものになろうとも、たった1週間のパーティーにこれほどの大金を払うべきなのだろうか？

大きな買い物をするとき、誰もが同じような問題に直面する。もちろん金額は人によって異なるが、問題の本質は同じだ。つまり、「最大限の楽しみを得るために、最大限の思い出をつくるために、最善の金の使い方は何か？」だ。

これまで述べてきたように、私はいつまでも記憶に残る経験に投資すること、誰でも年齢とともに体力が衰えるという事実を忘れないようにすること、子どもには死ぬ前に財産を分け与えること、現在の楽しみと将来の備えのバランスを取ること……こうした原則の価値を信じている。

だが、この45歳の誕生日パーティーについて考えたとき、さすがに自問自答が必要だった。どれほど思い出深いものになるにしても、本当に1週間のパーティーに莫大な金を使ってもいいのだろうか。

そして、こう自分に言い聞かせた。45歳の誕生日は一度しかない。葬式を除けば、これから先、これほど多くの大切な人たちを一度に招待できる機会はないだろう。

こうして心理的なハードルを乗り越えた。「どれだけ金がかかってもいいから、とにかく最高のパーティーにしよう」と決意を固め、全力で準備に取りかかった。

招待客の宿泊施設には、閑静な白いビーチに建てられたホテル・タイワナを貸し切りで利用することにした。全22室の客室とスイートルームを1週間分だ。参加者全員の宿を確保するために、隣にあるこれも素晴らしいホテル、シュヴァル・ブランの部屋も数室予約した。

何十人分もの招待客の航空チケットも買った。ゲスト向けのボートツアーやピクニック、毎晩の食事やエンターテインメントも手配した。たとえば、ある夜は寿司とカラオケを、別の夜には昔ながらのR&Bを楽しむといった具合だ。

目玉は、ナタリー・マーチャントだった。ニューヨークの狭いアパートで暮らしていた20代の頃、ルームメイトといつも聴いていたのが、マーチャントのデビューアルバム『タイガー・リリー』だった。大好きなアルバムだ。

ロックバンド「テンサウザンド・マニアックス」の元メンバーで、メローで叙情的なスタイルが特徴的な彼女は、特別な夜のムードを演出するには完璧な選択だ。私の母からニュージャージー州ハドソン郡出身の幼馴染みまで、誰からも人気がある。

さっそく彼女の代理人に連絡し、島でプライベートコンサートをしてもらうように手配した。招待客のみんなには、サプライズゲストがいるとだけしか伝えなかった。

プライベートコンサートの夜はとにかく最高だった。私は妻を後ろから抱きしめ、マーチャントの音楽に酔いしれた。母がこの素晴らしい歌手と話している光景も忘れられない。

もちろん、最高だったのはコンサートだけではない。この旅行は、何もかもが完璧だった。

想像してほしい。抜けるような青空の下、ホテルの部屋を出て、穏やかな波が押し寄せる美しいビーチに歩いていく。まわりにいるのは大切な人たちばかりだ。ふと目をやると大学時代の親友がいる。その少し先には会社員時代の親友がいる。母親が、ビーチ直結の部屋から出てくる。デッキやプールサイドにも親友たちが見える。誰もが島の美しさに心を奪われ、幸せそうにしている。

こんなふうに大切な人たちと同じ瞬間を分かち合っていたら、それまで味わったことのないような最高の気持ちになれた。天国とはこんな場所なのだろうとすら思った。島への滞在中、そんな感覚に何度も襲われた。

その1週間は、あらゆる面で素晴らしかった。私は死ぬまでこの経験を忘れないだろう。今でも、この旅の参加者たちと思い出話に花を咲かせることがある。ちょっとしたきっかけで、あの素晴らしいパーティーの記憶が頭に浮かんできて、あのときに味わった最高の気分が鮮明に蘇ってくる。楽しかったパーティーのことを思い出すのは、実際にあの島にいたときと同じくらい良いものだと感じる。

何度も言うが、私は人生の終わりが近づいたときに喜びを与えてくれるのは思い出だと考えている。セント・バーツ島への旅行は、そのときにまっさきに心に浮かぶ思い出となるだろう。

だから、あの1週間のために莫大な費用を費やしたことを、まったく後悔していない。

一生に一度の大規模なパーティーを開くのを、50歳の誕生日まで待たなかったのも正解だったと思っている。

実際、50歳になったときには父は他界していたし、残念ながら母の健康状態も大幅に悪化していた。兄と2人の姉妹は健在だったが、友人の何人かは天国に旅立ってしまった。だから5年前にパーティーを開いたのは良い決断だったと思う。

45歳の誕生日に、豪華なパーティーを開かないという選択肢もあった。代わりに、貯金通帳の増えていく数字を眺めながら誕生日を祝うことだってできた。だが、もしそうしていたら——いったい、どんな思い出を残せただろう?

資産を〝減らす〟タイミングを決めよう

私たちは喜びを先延ばしにし、将来のために貯金をする。それは決して悪いことではない。毎月の生活費を支払い、子どもたちの世話をし、毎日の食事の準備をする。そんな日常生活を送るためには、今の楽しみを我慢し、未来に備える能力も必要だ。

だが、喜びを先送りするにも限度がある。日々の生活にばかり気をとられて生きていると、ある日突然、人生の楽しみを後回しにしすぎてしまった後悔にさいなまれるかもしれない。喜びを味わう機会を逃し続けながら生きるのは、とてももったいないことだ。

では、喜びに投資するタイミングを逃さないようにするには、どうすればよいか？

答えはいくつかある。その1つは、年単位で判断していくことだ。

「ルール6」でも見たように、現在の支出と将来への貯蓄は、人生全体の観点でバランスを取らなければならない。その最適なバランスは、年によって変わる。健康状態や収入は毎年変わる可能性が高いからだ。年単位でバランスを考え、今やるべき経験を判断していく必要がある。

もう1つは、**資産を切り崩すタイミングを見極める**ことだ。この視点で資産について考える人は少ない。この章ではこれから、その方法について考察する。


まず、現在あなたが所有しているすべての資産（自宅、現金、株券、貴重な野球カードのコレクションまで）をリストアップしてみよう。それがあなたの総資産だ。

次に、負債（学資ローン、住宅ローン、自動車ローン）がある場合、これらを合計する。それを総資産から差し引いたものが純資産になる。

そして、この純資産は生涯を通じて同じではない。この本でもすでに、アメリカ人の純資産の中央値が年齢とともに高くなる傾向を示した（↓82ページ）。これは、あなたの資産の「ピーク」を理解するための重要なポイントとなる。

たいていの人の純資産は、生涯を通じて変化する。若い頃は稼いだ分だけ使うことが多いので、純資産は増えない。賃貸アパートに住み、貯金よりも返済すべき学資ローンのほうが多いような状態では、純資産はマイナスになる。

だが、学資ローンを完済し、収入が増えて支出を上回るようになると、貯金ができるようになる。純資産もマイナスからプラスに転じていく。この傾向は年月の経過と共に続いていく。安定して収入が増えれば、純資産は程度の差こそあれ増えていく。

たとえば25歳時点の純資産が2000ドルで、30歳での純資産が1万ドルの人なら、そのまま35歳、40歳、45歳と増えていくのが一般的だ。アメリカの世帯の純資産（世帯主の年齢別）の統計データも、この傾向を裏付けている。

持ち家率にも目を向けてみよう。家を所有することは、資産を築く一般的な方法である（不動産は純資産に含まれる）。

アメリカ人の持ち家率は34歳以下だと約35％、35〜44歳だと約60％、45〜54歳だと約70％になる。55歳以上はさらに比率が上がっていく。

ただし、こうした統計データは、人々の年齢と共に純資産が増加する傾向を表しているにすぎない。人生を最大限に充実させるために、それが望ましい形とは限らない。

では、望ましい純資産の形とはどのようなものだろうか？　ここからが、世の中の大半の考えとは異なる私独自のアドバイスだ。

それは、**純資産を「減らすポイント」を明確につくる**というものだ。そのポイントを純資産のピーク、または単に「ピーク」と呼ぶ。

なぜ、ピークをつくるべきなのか？

なぜ、純資産を死ぬまで増やし続けるべきではないのか？

この本では、ゼロで死ぬこと、すなわち生きているあいだに資産を有効に使い切り、人生を最大限に充実させることを目指している。60代や70代になっても純資産が増え続けているなら、ゼロで死ぬことにはならない。

つまり、ゼロで死ぬことを目指すなら、純資産は人生のある時点から減り始めなければならない。そうしなければ金が無駄になる。つまり、価値ある経験を逃していることになる。

これが、純資産のピークをつくるべき理由だ。**私たちは人生のある段階で、まだ経験から多くの楽しみを引き出せる体力があるうちに、純資産を取り崩していくべきなのだ。**

さらに、ピークのタイミングは偶然に任せるべきではない。人生をできる限り充実させる金の使い方をしたいなら、ピークの日付を意図的に決める必要がある。

この章の後半では、その日付を特定するためのガイドラインも説明する。

老後に必要な金を確認する「魔法の計算式」

ピークを決める前に、必ず確認すべきことがある。それは、人生を終えるまでに生活に困らないだけの金があるかどうかだ。

これは、資産を取り崩すために外せない条件だ。老後資金を十分に貯めていない人は少なくない。私はあなたに人生を最大化してもらいたいと思っているが、無責任な支出をすすめるつもりはない。

これから「資産のピーク」は金額では決めず、時期で決めるべきという考えを紹介するが、それもある程度の老後資金がなければ、意味のないアドバイスとなる。

また、これは充実した人生を送るという考えに基づいたアドバイスであることにも留意してほしい。本書を読み、金の管理についての新たな視点を得たと思った人も、実行に移す前に、事前にプロのファイナンシャルアドバイザーや会計士などの専門家に相談することをすすめる。

この点を理解してもらったうえで、「老後に必要な最低限の資金」をどう算出すべきか、私の考えを説明しよう。その額は一般的に目標とされる貯蓄額よりもかなり少なくなる可能性がある。最悪のシナリオ（死ぬ前に金がなくなること）を避けることを念頭に算出するからだ。

つまりこれは、収入なしで老後を生きるために必要な額を意味している。この基準に達していれば、それ以上、老後資金のために働く必要はなくなり、計画的に資産を取り崩していく時期を考えられる。

この老後資金の額は、当然すべての人が同じにはならない。たとえば、生活費は住んでいる場所によっても変わるし、扶養家族がいれば当然一人暮らしよりも生活費は高くなる。

誰にでも当てはまるのは、この最低限必要な資金は、1年間の生活費と、予測される残りの人生の年数を掛けたものであるということだ。

たとえば、あなたの年間の生活費が1万2000ドルだとしよう（かなり低い額だが、あくまで任意の数字と見なしてほしい）。あなたは今55歳で、80歳まで生きると想定していたとする。すると、あと25年生きることになり、この期間を生き延びるための金が必要になる。

あと25年生きるために、55歳のあなたにはどれくらいの金が必要になるか。まずは大まかな計算をしてみよう（これは最終的な答えではない）。単純に1年間の生活費に人生の残り年数を掛けると次のようになる。

（1年間の生活費）×（人生の残り年数）＝1万2000ドル×25＝30万ドル

繰り返すが、これは最終的な答えではない。貯金しなければならない実際の金額は、30万ドルよりはるかに少なくてすむ。

なぜか？

資産は、ただ寝かせておくわけではないからだ。

株式や債券に投資すれば、資産は利息を生み出す。あなたが働いていなくても、収入が得られることになる。物価上昇率以上の利息は、取り崩した資産に加算されるからだ。ただし1つ断っておくと、株式や債券を保有していても、必ず物価上昇率以上の利息が得られるとは限らない。リターン率は年ごとに異なるし、かなり変動することもある。だが今回は、概念を説明するために物価上昇率以上の利息が常に3％であるという前提で計算を行う。

では、実際に計算してみよう。

55歳の時点で、資産が21万2000ドルあるとする。最初の1年間に生活費として1万2000ドルを使ったとすると、1年後に資産はいくら残るのか？

手元に残るのは20万ドルちょうどではなく、約20万6000ドルである。年初に1万2000ドルを差し引いたとすると、残りの20万ドルが3％の利息となる6000ドルを生み出すからだ。

同じ額の支出（生活費）と収入（利息）を繰り返すなら、あなたは21万2000ドルで25年間生活できることになる。ある額の生活費を毎年引き出すときに必要な資産額を計算する専門的な計算式に当てはめると、それがわかる（正確には、3％の利息、毎年1万2000ドルの生活費で25年間生活するためには、21万3210・12ドルから始める必要がある）。

毎年生活費を引き出すごとに、元の資産は減っていく。だが利息分が増えるので、思ったほどの速さでは減っていかない。このため、1年間の生活費に人生の残り年数をかけたものより少ない額の資産を用意するだけですむ。

では実際のところ、老後にどれくらいの資産を最低限用意すればいいのか。

私は、**「毎年の生活費×残りの年数」の70％ほど**をすすめている。先の例でも、この割合は71％強である（21万3210・12ドルは30万ドルの71・07％）。

もちろん、利息が高くなれば必要な資産の割合は低くなる。利息が5％で、他の条件がすべて同じである場合、55歳の時点で必要な資産は30万ドルの58％弱、17万3426・50ドルになる。反対に、利息がゼロなら、55歳の時点で30万ドルの資産を用意しなければならない。ただし、ほとんどの場合70％でカバーできる。

では、死ぬまでに必要な金を計算する式を整理してみよう。

死ぬまでに必要な金＝（1年間の生活費）×（人生の残りの年数）×0.7

1年間の生活費や人生の残りの年数の数字を変えて、さまざまな試算をしてみよう。たとえば、フロリダで老後を過ごしたいと考えているのなら、現地での生活費の相場を調べ、その数字を当てはめてみるといいだろう。人生の残りの年数が変わることで、死ぬまでに必要な金がどう変化するかも確認してみよう。

繰り返すが、この「死ぬまでに必要な金」は最低限の額だ。

この額の資産をつくったとしても、すぐには引退しない人がほとんどだろう。より老後の生活の質を上げるために働き続けるのは妥当な判断だとも言える。

とはいえ、この額に到達すれば、資産を取り崩しながら生活する時期については考え始められるようになる。「最低限の生活費は確保したので、のたれ死にはしない」という安心感を得ることで、資産のピークを「金の額」ではなく「時期」として考えられるようになるのだ。

なお、この死ぬまでに最低限必要な金には、いくつもの資産が使えることにも注意したい。

たとえば自宅を保有していれば、売却して小さな家に住み替えることで資産をつくれる。自宅を担保にすれば、返済不要な形で毎月一定額の融資を受けることもできる（逆住宅ローン）。

想定以上に長生きして、途中で資金が底を突いてしまう不安があるなら、資産で長寿年金を購入し、生きている限り年金を得るという方法もある。

資産のピークは「金額」ではなく「時期」で決める

ではここからは、あなたが死ぬまでに必要な最低限の金（プラス、いくらかの余剰資金）を手にしたことを前提に話を続けよう。

最低限の資金を貯めたあなたは、人生を最大限に充実させるという目標に向かい、**資産のピークをいつにするか**を考えられるようになる。

繰り返すが、ピークは「数字（特定の金額）」ではなく、「時期（単なる年齢ではなく、健康状態を表す「生物学的年齢」に基づく）」で決める。

世間一般には、一定額の資産を目標にすべきだという考えがある。その資産が目標額に達したら、ようやく引退してその資産を取り崩す生活を始められるというわけだ。また、その額についてのアドバイスも溢れている。たとえば、「100万ドル」や「150万ドル」といった一般的な目安を目指すべきとするものだ。

だがこれは、当然、誰にでも当てはまるものではない。高級住宅街に住み、世界各地を頻繁に旅行するような人と、小都市でつましく暮らしている人とでは、同じ100万ドルの資産でもその価値は違ってくる。

そのため老後資金の専門家は、「誰もが目指すべき一律の目標額」を顧客に提案したりはしない。個別の事情に合わせた額をアドバイスする。生活費、余命、金利などの予測に基づき、推奨額を計算する。個人の状況に応じた目標金額を決めるのだ。

いずれにせよ（一律の目標100万ドルを目指すにせよ、個人に応じた金額を目指すにせよ)、これらのアドバイスには「何年かかってもその資産をつくるべき」という共通点がある。金額に達してから、その資産を取り崩していくべきだ、と。

もちろん、明確な目標設定は、収入が少ない、散財しがちなどの理由でリタイア生活への資産が十分にない人にとっては有益だろう。明確な目標を意識しなければ、老後資金が足りないうえに、高齢のために働くこともできないという最悪のシナリオに陥る可能性がある。

だが、それ以外の人は「金額」を目標にピークを決めるべきではない。その理由の1つは、この手の目標額を設定した場合、それを十分だと感じるのは心理的に簡単ではないからだ。

たとえば、ファイナンシャルアドバイザーに相談し、リタイア資金の目標額が200万ドルになったとする。もしこの目標を達成しても、今度は「250万ドル貯めればもっと良い生活ができるはずだ」と考えるのは目に見えている。さらにその目標を達成したら、さらに300万ドルあれば……と考えるようになる。

これが、「金額」を目標にしてピークを決めることの問題だ。目標はどんどんと先に移動していく。それを無自覚に追いかけていくうちに、人生を充実させる経験をする貴重な機会を逃してしまうことになる。

経験を楽しむには、金だけではなく時間と健康も必要だ。**老後資金を必要以上に増やそうと働き続けると、何か（金）は得られても、それ以上に貴重なもの（時間と健康）を逃してしまうことになる。**金が増えたからといって、必ずしも人生を充実させる経験が増えるわけではないのだ。

つまり、老後資金を増やそうと働き続けることには代償が伴う。金に目を奪われて、そのことを忘れている人は多い。

老後資金が250万ドルあれば、たしかに200万ドルよりも良い生活ができるかもしれない。だが、その50万ドルを増やすためにリタイアを先送りにし、あと5年間働いたとする。その5年があれば、たとえ老後資金は50万ドル少なかったとしても、たっぷりとある時間で豊かな経験ができたかもしれない。年を5歳も重ねた分、体力も落ちるので、いざリタイアしてからできることも限られてしまう。

この50万ドルに、5年間の自由な時間を捧げてまで稼ぐ価値はあったのだろうか？

リタイア生活を先延ばしにして増やした50万ドルは、人生の質を高めるのではなく、むしろ落としてしまうものになるかもしれないと心に刻んでおいてほしい。

資産を減らすポイントは45～60歳

では、あなたはいつ資産を取り崩し始めるべきなのだろうか？　資産のピークを時期で考えるなら、その重要なタイミングはいつになるのか？

それはあなたの健康状態に関係している。その指標になるのが、生物学的年齢だ。たとえば、年齢が同じ50歳でも、生物学的年齢で見れば40歳の人もいれば65歳の人もいる。前者は後者より長生きする確率が高いだけではなく、身体的、精神的な活動を高齢でも楽しみやすい。そのため、ピークを人生の後半に持ってくることができる。

反対に言えば、生物学的年齢が高い人ほど、資産を早く取り崩すべきだと言える。私は本書のスタッフとともに、健康状態、収入、資産運用率などの条件が異なる人々を対象として、死ぬときに資産がゼロになり、かつ金と体力と時間の最適なバランスを取って最大限に人生の充実度を高められる資産の取り崩し方を試算した。

それをグラフで表すと、当然、資産は人生の終わりにゼロ付近まで低下し、その前のいずれかの時点でピークに達する。そして左図に示した通り、ほとんどの人の場合、最適な資産のピークは45～60歳のあいだに位置することになる。

最適な資産のピークは45～60歳

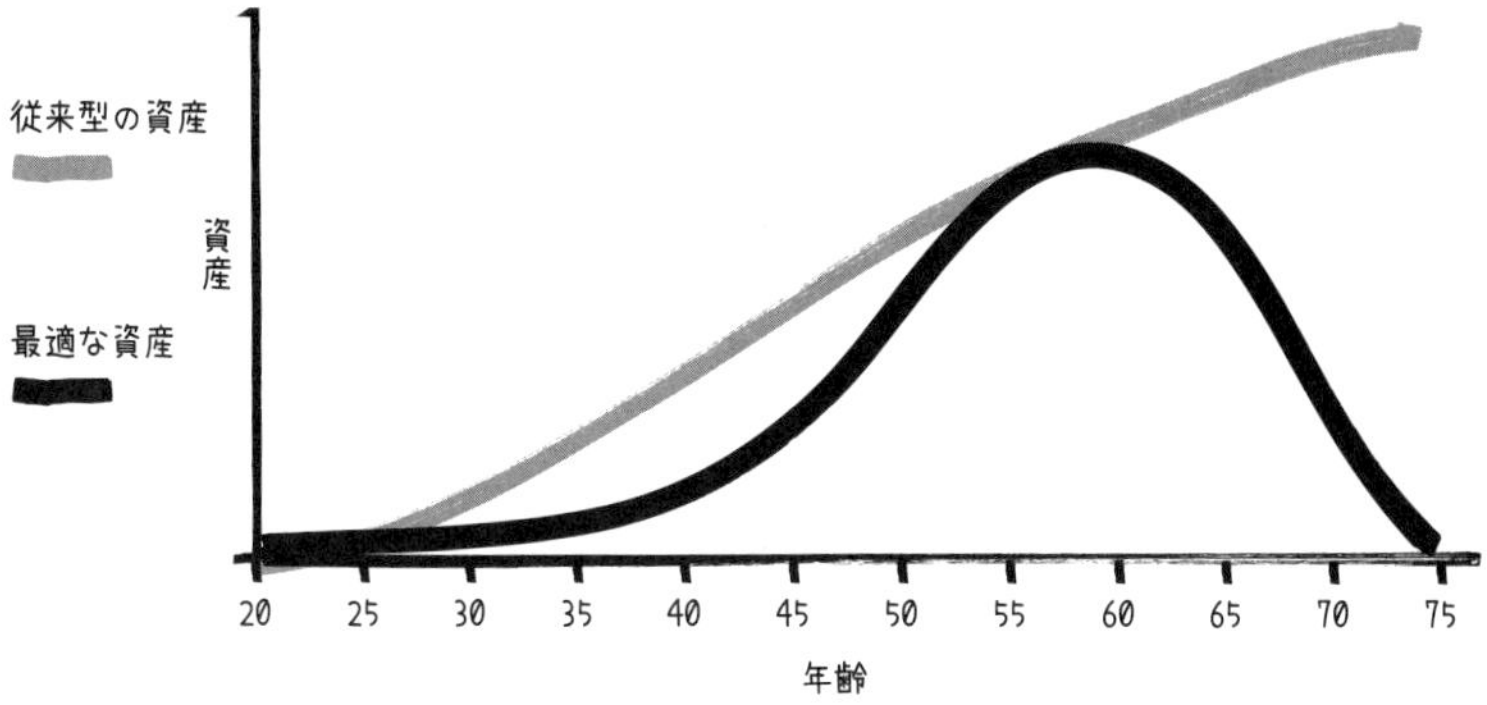

従来、人々は資産を取り崩すのを恐れ、死ぬまで増やし続けようとする傾向がある。だが、苦労して稼いだ金を最大限に活用するには、資産を早く取り崩し（ほとんどの人にとって、45歳から60歳のあいだで取り崩し始めるのが最適である）、死ぬまでに使い切ることを目指すのが望ましい。

さらに詳しく見てみよう。まず、45～60歳は生物学的年齢ではなく、実際の年齢である。

先ほどの50歳の2人の例で述べたように、健康状態が優れている（生物学的年齢が低い）場合、資産のピークはこの範囲の上限（つまり60歳）に近くなる。極めて健康的な人であればピークは60歳を超えることもある。病気のために余命が短いと予測される人は45歳よりも前になる可能性もある。

だが、これらは例外的なケースだ。私たちのシミュレーションの結果はこうだ。

人生を最適化するよう金を使う場合、大半の人は45～60歳のあいだに資産が

ピークに達する。この範囲から外れると、人生の充実度を最大限に高めるのは難しくなる。つまり、経験のために金を十分に使い切れなかったということになる。

なお、収入の多寡も資産のピークに大きく影響する。多ければピークの時期は早まるし、少なければ遅くなる。とはいえ、一般的には45〜60歳のあいだがピークになる。

このことがあなたにとって何を意味するのか？

例外的なケースでない限り、**これまで一般的に推奨されてきたものよりも、はるかに早い段階から資産を取り崩し始めるべき**だということだ。

たとえば62歳や65歳になるまで資産に手を付けなければ、決して使い切れない金を稼ぐために働き続けることになる。活用できない金のために貴重な時間を仕事に費やすのは、とても残念なことだ。

再び、でも仕事が好きだから問題

ただ、ここで注意してほしいことがある。それは、私は「いつリタイアすべきか」についてではなく、**「いつ稼ぐ以上に使い始めるか」**について説明しているということだ。

この本の前半で見たように、「ゼロで死ぬ」ことについて話すと、「私は仕事を楽しんでいる。好きな仕事をして稼いだ金に死ぬまで手をつけなかったとして、何が問題なのか？」と反論する人がいる。

だが前述したように、大切なのは「人生の最適化」であり、そのために使う金をどうやって手に入れたかは問題ではない。好きな仕事をして稼いだものであろうとなかろうと、いったん金を手に入れたら、あとはそれをどれだけ賢く使うかが問題になる。

「ピークを明確にして、その後は資産を取り崩していくべきだ」という話をしたときにも、次のような反応が返ってくることが多い。

「ピークをつくることに魔法のような効果があるとしても、私は仕事を辞めたくはない」

私は、それなら仕事を辞める必要はないと答える。働き続けたいのならそうすればいい。

ただしその場合でも、**ピークの時期を迎えたら、稼いでいる以上の金を使わなければならない。そうしなければ資産が減らないからだ。**

稼いだ分、支出も増やして、金を残したまま死なないようにすべきである。仕事をどれだけ好きであろうが、稼いだ金を残して死ぬのはもったいないことだ。

たしかに、世の中には「夢のような」職業人生を生きている幸運な人もいる。毎日職場に行くのが待ちきれず、夜になって「家に帰らなければならない……」とせつなくなるような人たちだ。それほどまでに仕事を愛している。

だが、そんな人もそうでない人も、一度立ち止まり、自分の人生で何がしたいのかを考えてみよう。現代社会では、働くことばかりに目を向けてしまいがちだからなおさらだ。

私たちは、さまざまなことを体験し、発見したいと思っている。仕事をすれば、それらを叶える手段（金）が手に入る。だから私たちは、働き、金を稼ぐことに必死になる。だが、いつのまにかそれ自体が目的になってしまい、もともと求めていたものが何かを忘れてしまっている。それでは本末転倒だ。

もし、死ぬまでにできるだけたくさんの資産を持っていたいというのなら、もちろんそれはその人の自由だ。だが私は、墓石にその人が生前に貯め込んだ資産の額が刻まれているのを見たことがない。金は墓場まで持っていけない。

ならば、生きているうちに自分や家族、大切な人たちの人生を豊かにする最高の体験を探し求めるべきではないだろうか？　私が45歳の誕生日を盛大に祝ったのもそのためだ。

接着剤のビジネスで成功し、一財産を築いた友人のアンディ・シュワルツともこの話をしたことがある。50代半ばのアンディは、結婚もしていて、10代から20代の3人の子どもがいる。すでに十分な資産はあるが、退職するつもりはない。

それにはいくつもの理由がある。仕事は面白く、知的好奇心が刺激され、夢中になれる。業界の仲間と時間を過ごすのも大好きだし、会社の従業員の生活を守る責任も感じている。

「もし仕事が楽しくなく、義務のように感じていたら、とっくに辞めていたよ」とアンディは言う。

つまり、老後資金が足りないという理由ではなく、ビジネスが大好きで、会社が成長するのを楽しんでいるから仕事をし続けている。ビジネスそのものが、人生を豊かにする経験になっているのだ。

すでに十分に裕福なのに、なぜさらに富を増やそうとするのかと尋ねると、「これから生まれるであろう孫たちに財産を分け与えたい。それに母校の高校や大学にも寄付がしたい」という答えが返ってきた。

「素晴らしいね」と私は言った。「君が現状に満足しているようでなによりだ。このまま仕事を続けて、もっとたくさん収入を得るべきだと思う。でも、ぜひその金を今できる何かのために使ってみてほしい。母校に寄付したいのなら、今すぐにすべきだ。子どもや孫に金を与えたいのなら、今そうすべきだ（まだ若い子どもやこれから生まれる孫のために信託をつくるという方法もある）。そして残った金は、自分の人生をできる限り充実させるための何かに使うべきだ」

だがアンディは、もともと派手に金を使うほうではないから、と言う。これまでもつましい静かな生活を送ってきた。贅沢は性に合わない、と。

だが私はこう反論した。

「仕事一筋で、育児以外はほとんど何もしてこなかったのだから、どんな金の使い方をすれば満足感が得られるかを知らないだけかもしれないじゃないか」

実際、アンディは仕事に没頭するあまり、自由な発想で好きなように金を使うことをこれまで考えてこなかった。

だが、もし強制的に、仕事とは無縁の経験に30万ドルを使わなければならないとしたらどうだろう？　アンディは間違いなく、その経験を通じて新しく何かを好きになるだろう。

もちろん、私は単に彼に金を使うことをすすめているわけではない。できる限り生き生きと、充実した人生を送ってほしいと願っているからそう伝えているのだ。

そこでまず、アンディは妻と話し合った。すると、2人が好きな3組のバンドの名前が浮かび上がった。週末を使って、遠方の都市にコンサートを観に行くのはどうだろうか？

TEDの特別会員になるというアイデアも浮かんだ。数十万ドルを払えば、TEDのカンファレンスへ特権的にアクセスでき、さまざまな分野で活躍する一流の知性の持ち主と触れ合うことができる。素晴らしい人々との出会いや刺激的な体験ができ、興味の対象がさらに広がるはずだ。

ピークの年齢を迎えてもなお仕事を続けたいなら、今すぐ値打ちのある方法で金を使い始めよう。仕事を続けつつ、人生を充実させる体験を増やしていくために、働く時間を減らすのも良い方法だ。

ここで大切なのは、金の誘惑に負けないようにすることである。たしかに、会社から評価され、良い給料がもらえるのはうれしいことだ。だが会社は、能力の高いあなたに長時間働いてほしいと考えるかもしれない。

こうした誘惑に屈するのは簡単だ。あなたが55歳なら、経験を積んで能力が高まっているだけに、若い頃よりも1時間あたりの収入は高くなっていることだろう。

だが、あなたの最大の目標は、金をできる限り増やすことではない。できる限り人生を豊かにすることである。それを忘れないでほしい。そのような視点を持つと、生き方を大きく変えていけるようになる。

あなたが考えているより、老後に金はかからない

支出の面を考えても、45〜60歳で資産を取り崩し始めるのが望ましいことがわかる。世間一般ではそれよりもさらに高齢になってから初めて資産に手を付けるべきだという考えがあるが、それでは遅すぎる。

なぜか?

一般的に支出は、高齢期のほうが中年期より少なくなるからだ(左図)。

実際に老後生活で必要になる金は、世間一般で言われるものよりも少なくすむのだ。老後では退職前の8割強の生活費が必要だとよく言われる。だが、タイムバケットに書き込んだ70代や80代の「やりたいこと」を見て、それほど費用はかからないし、十分に暮らしていけると感じた人もいるはずだ(さらに「ルール3」でも見たように、老後生活で必要な金は一律ではなく、序盤は多く、終盤になるほど少なくなる傾向がある)。

年代別の支出の割合

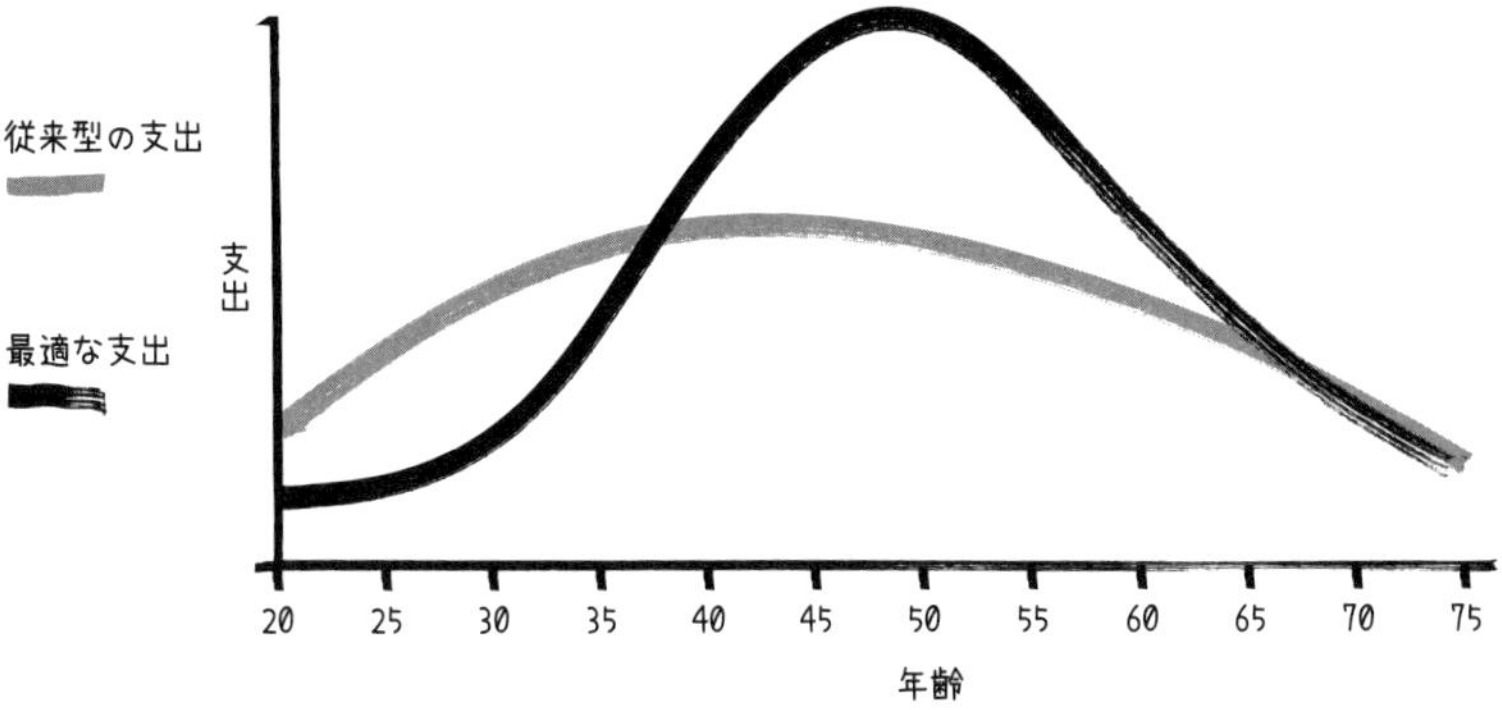

老後まで資産に手をつけない従来型の支出、あるいはゼロで死ぬことを目指す最適な支出のいずれであっても、支出は中年期より高齢期のほうが少なくなる。体力が低下するため、経験に金を使う機会が減るからだ。世間で考えられているよりも早い段階で意識的に支出を増やさないと、生きているうちに金を使いきることは難しくなる。

もちろん、高齢になって体力がなくてもできる活動には、金がかかるものもある。たとえば、オペラ鑑賞などがそうだ。だが、1年に何十回もオペラを鑑賞するという人は少ないだろう。

つまり、高齢になると、金を使う機会は自ずと減っていく。だから、**老後のために過度に貯蓄するのではなく、金をもっと早い段階で有効に活用することを計画すべき**なのだ。

金のことを十分に考慮したとしても、タイムバケットのベル型曲線が右側に寄りすぎることはないだろう。人生でやりたいことの大半は20〜60歳のあいだの年代で経験したいと考えていることがわかるはずだ。

さあ、老後を待たずに金を使い始めよう

世の中にあふれる老後資金についてのアドバイスに、「いつまでも思い出に残る経験をリタイアする前にできるだけ多くしておくべきだ」というアドバイスはあまり耳にしない。

老後生活に関連するコマーシャルには、手をつないで美しいビーチを散歩するカップルや、子どもを肩車する男性が描かれることがある。だが、私たちはこうした活動を、本当はリタイア生活の前にもっとしたいと思っているのではないだろうか。

私は60歳になる前に資産を使い果たすべきだと言っているわけではない。老後に備えなければならないのは事実だ。

だが、過ぎ去った時間は取り戻せない。だからすべてを老後に先送りにせず、今しかできない経験をする機会を逃さないことも重要だ。将来の計画をするときにそのことを心に留めておくと、一年一年を大切にして、できる限り充実した時間を過ごしながら年を重ねられるようになる。

シミュレーションに基づき、残りの人生を生き延びるために十分な金がいくらかを計算し、**その額を確保できたら積極的に金を使い始めよう。**

長年、着実に貯蓄をすることを習慣にしてきた人が、突然ギアを変えて資産を取り崩すことには強い抵抗を感じる場合もあるだろう。

だが、人生を最大限に活用し、できる限り充実したものにしたいのなら、死ぬまでひたすらに金を貯め続けるような生活はすべきではない。使うべきタイミングを逃せば、金の価値は落ちる。手遅れになれば、死に金になってしまう。

健康への投資も忘れないようにしよう。これまで健康に気をつけてこなかったのなら、今こそそれを改めるべきだ。前述したように、健康次第でさまざまな経験を楽しむ能力は大きく変わる。

時間と金をかけて健康の増進・維持に努めよう。本格的なスポーツジムに通ってもいいし（できれば、毎回行くのが楽しみになるようなジムを選ぼう）、パーソナルトレーナーを雇う、フィットネスビデオに合わせて自宅で運動するなどさまざまな方法が考えられる。

私の姉のティアも、このアドバイスに従っている。57歳の今も家族経営のビジネスをしている彼女は、最近は仕事のスタイルを変え、以前のように1日9時間や10時間も椅子に座るようなことはなくなった。

加齢にともなう筋力の低下を防ぐために、週に数回の筋トレも行い、定期的に水泳やフィットネスバイクをするなど、精力的に運動をしている。こうした健康への投資を通じて、ティアは現在と将来に味わう経験の価値を積極的に高めている。

また、資産を取り崩すタイミングで、やりたいことを見直すことも推奨する。年齢を重ねるにつれて私たちの興味は変わるし、さまざまな人との出会いもある。だから、やりたいことも変わっていく。そのため「タイムバケット」も、たとえば5年や10年ごとに見直してほしい。

そして、**特にやりたいことを見直すのに相応しいタイミングが、資産がピークに近づいているとき**である。

中年になると、人は自分が大好きだったことを忘れがちだ。仕事や子育てに忙しく、新しい興味や趣味を見つけられなかったという人も多いだろう。

その結果、膨大な自由時間で何をするかについて漠然としたイメージしか持てないままリタイア生活を始める。旅行など、具体的なアイデアを持っている場合もあるが、最初の1、2年でめぼしい旅行先を訪れてしまうと、他に何をすればよいかわからなくなる。

そしてしばらくすると、目的もなく毎日を過ごすようになり、気がついたら再び働きたくなる。仕事があれば、明確な目的を持って毎日を過ごせるし、帰属意識も満たされ、達成感も得られるからだ。目的がない日々が続くと、最悪の場合、強い不安や抑うつにつながることもある。

だから、退職したり、勤務時間を減らしたりする前に、「自由時間が増えたときに、自分はいったい何がしたいのか」をよく考えておこう。

長いあいだブランクがあるが、再び没頭したいと思っている趣味はないだろうか？

再び親しく付き合いたいと思える古い友人は？

新しく学びたいスキルや、参加したいクラブは？

思い切って挑戦したいことは？

やりたいことを書き出し、タイムバケットを使って、いつそれを実現させたいかを整理しよう。そして、新しい思い出をつくり始めよう。

実践しよう

- 老後生活の予定地の物価を考慮して、1年間の生活費を計算しよう。
- 医師の診断を受け、生物学的年齢と予想寿命を確認しよう。現在と今後の健康状態を把握するために、できる限り詳しく検査を受けよう。
- 健康状態から判断して、今後、体力の低下によって好きな活動から得られる楽しみが減り始める年齢を予想してみよう。それによって好きな活動はどのような影響を受けるかも考えてみよう。

RULE 9

TAKE YOUR BIGGEST RISKS WHEN YOU HAVE LITTLE TO LOSE

ルール9
大胆にリスクを取る

リスクを取らないリスク

NBAチーム、ダラス・マーベリックスのオーナーで、人気テレビ番組『シャーク・タンク』にも投資家の一人として出演するマーク・キューバンは、幼少期から起業家精神を学んできた。

12歳のときには近所の人たちにゴミ袋を売り、16歳のときには切手の転売で利益を得た。ピッツバーグの労働者階級出身の彼は、カーペット業者などの安定した職に就いてほしいという母親の要望を断り、大学に進学して経営学を学んだ。

授業料は、得意のディスコダンスのレッスン料や、キャンパス内でパブを経営して得た金で支払った。ところが、店内での未成年の飲酒が警察に見つかり、パブは閉鎖に。卒業したときには一文無しになっていた。だが彼は、すでにそのとき、ビジネスの世界で成功するための能力と自信を得ていた。

その後、地元の銀行で働き、23歳のときには、なけなしの生活道具を旧式のフィアットに載せ、大学時代の友人に誘われてテキサス州ダラスに向かった。その友人を含む5人とアパートで共同生活を始めた。寝床はビールの染みがついたリビングのカーペットの上だったという。

彼は積極的に行動した。まずバーテンダーとして働き、次にソフトウェア販売店のセールスマンとしての職を得た。そして、上司に逆らって店をクビになったとき、起業を思いついた。コンピューターのコンサルティングビジネスを行うマイクロソリューション社を立ち上げ、数年後の32歳のときにはこの会社を600万ドルで売却。そのまま5年間のリタイア生活に入った。その後、リタイア生活から復帰し、再び新しいビジネスで大成功を収め、億万長者になった。

私が注目したいのは彼の成功ではない。なにより興味深いのは、彼が**成功を手にするまでに何度も大胆な行動を取り、そのどれにもリスクを感じていなかった**ことだ。ダラスへの移住も、そこで仕事を得たことも、上司に逆らって解雇されたことも、その後の起業も、どれも彼にとってはリスクではなかった。

「当時の私には何もなかった」と後にキューバンは回想している。「失うものは何もなかったから、突き進むしかなかったんだ」と。

つまり彼は、失敗するリスクより、成功によって得られるメリットのほうがはるかに大きい状況にいた。このような状況を、「非対称リスク」と呼ぶ。非対称リスクに直面したときには、チャンスをつかむために大胆な行動を起こすことが合理的な判断になる。

極端に言えば、**デメリットが極めて小さく（あるいは、失うものが何もなく）、メリット**

が極めて大きい場合、大胆な行動を取らないほうがリスクとなるということだ。

このとき、大胆な行動を取らなければ、心理的な悪影響も生じる。「もしあのとき思い切って行動に移していたら……」と一生後悔し続けるかもしれない。

逆に大胆な行動を取れば、心理的に良い影響が生じる。たとえうまくいかなくても、意義ある目標に挑戦したことを誇りに感じられるはずだ。

全力で取り組んだのなら、結果がどうであれ、その経験から多くの良い思い出も得られるだろう。これは、以前に紹介した「記憶の配当」の一形態だと言える。後で振り返ったとき、期待した結果が得られなかった経験も、ポジティブな記憶の配当を生み出すのだ。

大胆な行動は、将来の幸福度を高めるという意味での投資になる。つまり、あなたの人生を豊かにする。

もちろん、デメリットが極端に少なく、メリットが極めて大きいというケースはめったにない。だが、デメリットとメリットが同じくらいだと思えるケースでも、冷静に考えれば、思っていたほどデメリットが大きくないケースも少なくない。

特に、若いときほど大胆な行動を取りやすい。年を取ってからリスクを取ると、それは大胆ではなく愚かな行動になることもある。

これは、身体的なリスクを考えるとわかりやすい。たとえば、私は子どもの頃、よく自宅のガレージの屋根から飛び降りて遊んでいた。楽しかったし、怪我をしたこともない。リスクだなんて1ミリも思っていなかった。

だが、50歳になった今、ガレージの屋根から飛び降りるのは愚かなことだ。体重は重くなっているし、子どもの頃のように膝で衝撃を吸収できない。おそらく病院に直行するはめになるだろう。つまり、今の私にとっては、得るよりも失うことのほうがはるかに多い。

同じことは、チャンスが消滅するまで、時間の経過とともにリスクと報酬のバランスが変化するさまざまな領域で発生する。

若いときは、リスクを取っても成功すれば大きな形で報われる可能性が高い。つまり、得られるだろうメリットは莫大だ。同時に、失敗しても立ち直る時間が十分にあるからデメリットも小さくなる。

私の好きなポーカーでは、プレーヤーがチップを追加で購入（リロード）することがある。若いときは、人生というゲームのなかで何度もリロードが繰り返せる段階だ。失敗の影響も長い目で見れば打ち消していくことができる。

私自身、23歳のときに大きな失敗をした。投資銀行のジュニアトレーダーとしての職をクビになったことがある。自分が求めるキャリアの経験を積めていたのに、疲れてブースで居眠りしていたのを見つかって解雇されたのだ。不安だったし、これから何をすべきかもわからなかった。それから1カ月間は無職で過ごしたが、ちっとも楽しくなかった。

結局、株式仲買人として別の会社に就職し、失業生活は終わった。給料は良かったが、それは私が本当にやりたい仕事ではなかった。それでも、とにかく働かなければならなかったし、どうにかなるだろうという思いもあった。まだ23歳で、失敗しても軌道修正できる時間が豊富にあったからだ。この仕事で失敗しても、またやり直せばいい。何があっても、野垂れ死んだり、路頭に迷ったりはしないだろうと。

マーク・キューバンのように、非対称リスクに直面したときに大胆な行動を取っても、必ず成功につながるわけではない。どんなに頑張っても、うまくいかないことはある。だが、失敗にも価値はある。私の場合も、株式仲買人として働いたのは良い経験になった。失うものはほとんどなく、軌道修正をする時間も十分にあり、素晴らしい思い出がいくつもできたからだ。

夢に挑戦すべきか迷ったら

あなたが俳優になりたいとする。だが、この分野はとても競争が激しい。夢を描いてハリウッドに移り住む人たちの多くは成功を手にできず、レストランでウェイターとして働きながらオーディションを受ける日々を過ごすことになる。壮大な夢を目指したりせず、地元で就職して会社員として働くという選択肢もある。だが、あまり気乗りはしない。

このような状況に置かれたとき、ハリウッドに向かうべきかどうかを判断する基準とは何なのだろうか？

それは、**あなたの年齢**だ。親から何を期待されているかでも、友人たちの意見でもない。あなたが20代前半なら、夢に挑戦してみるべきだ。全身全霊をかけて俳優になるためにできる限りのことをすればいい。数年経って芽が出なくても、まだ地元に戻って就職するチャンスは残されている。学校に入り直して専門的な知識や技能を学ぶこともできる。

元俳優のジェフ・コーエンのケースもそれを教えてくれる。失われた宝物を探し求める子どもたちが主役の映画『グーニーズ』を見たことがある人なら、ぽっちゃりしたチャンクという名前の登場人物を覚えているだろう。

それまでテレビ番組やコマーシャルの端役しかもらえなかったコーエンにとって、チャンクは初めての当たり役になった。『グーニーズ』の大成功によって、ハリウッドで前途洋々のキャリアが開けたかに思えた。

だがその後、良い役には恵まれなかった。

なぜか？

コーエンはその理由を、思春期を迎えたことで「チャンクからハンク（いい男）に変わってしまったからだ」と笑いながら説明する。

ハリウッドにはこの手の元子役の悲しいエピソードがたくさんある。だが、幸いコーエンの人生はそうではなかった。その後、大学と法科大学院でエンターテインメント分野の法律を学び、現在は自らが経営する会社でパートナー弁護士を務めている。失敗をバネにして、成功をつかんだのだ。

だが、もしあなたが50代なら、一旗揚げようとハリウッドに移り住むのは賢明とは言えない。配偶者や子どもがいる場合には、失敗すれば家族にも影響が及ぶ。

私はその理由から、オートバイに乗るのをやめた。飛行機の操縦レッスンを受けるのもやめた。家族ができた今、スリルのために命を危険におかす権利はもうないと思ったからだ。

年を取ると、失うものは増える。成功して得られるものも少なくなる。独身の人や、すでに子どもが自立している人でも、リスクに対する報酬のバランスは良いものではない。仮にすべてが順調に進んだとしても、成功を享受できる年数も限られている。だからこそ、人生の早い段階で大きなリスクを取るべきである。

もちろん、50代で夢を追い求め始めることが無意味なわけではない。特に、若い頃に夢にチャレンジする機会を逃し、中年になった今が最後のチャンスだと思っているのなら、ぜひ挑戦すればいい。

だが、もし過去に戻れるならば、私は「挑戦するのを先送りすべきではない」とアドバイスするだろう。

リタイア生活を始めても、積極的に活動できる期間は限られている。だから、今、思い切って大胆な挑戦をすべきだ。「やりたいことがあるけど、老後まで待つつもりだ」という考えは、たいてい失敗に終わる（すでに老後に入ってしまっているのなら、限りある持ち時間を最大限に活用してほしい）。

リスクを簡単にとれる時期を生かし切れていない人は多い。その理由は、デメリットに目を向けすぎているからだ。

失敗したら住む場所を失ってしまう、といった最悪のシナリオを頭に描いてしまう。たとえ、そのシナリオが非現実的なものであってもだ。

すると、実際には目の前のチャンスのリスクは小さく、成功したときの報酬が莫大であることにも気づけない。悲惨な失敗のことばかりを考えているので、成功して得られるものが見えにくくなっているのだ。

数年前に相談に乗った、クリスティーンという若者もそうだった。

彼女は調理台を販売する仕事をしていた。顧客が自分にぴったりの調理台を見つけて、喜ぶ姿を見ると大きな満足感を覚える営業担当者もいたが、彼女はそうではなかった。どれだけ働いても、会社から正当に評価されていると思えず、休暇もめったに取れなかった。

彼女は仕事のせいでとても衰弱していた。だから私は、思い切ってすぐに会社を辞めるようすすめた。次の仕事を決める前に退職すべきだ、と。その仕事を続けている限り、転職活動をする時間すら取れないからだ。

だが彼女は、いったん無職になってしまうと転職活動で不利になってしまうのではないかと恐れていた。実際、企業が失業者の雇用に慎重になるのは事実である。だから、彼女がすぐに仕事を辞めることにリスクはあった。

それでも私は彼女を説得した。まだ25歳だから十分にリスクを取れる。本当にやりたいことを見つけるまでアルバイトをしてもいい。ウェイトレスの仕事なら明日にでも見つけられる。つまり、彼女が恐れていたことは、それほどたいした問題ではないとわかってほしかった。

今、リスクを取れないなら、いつ取れるのか?

クリスティーンは私のアドバイスを受け入れ、次の仕事を決める前に会社を辞めた。それ以来、転職先の企業で好条件の仕事をしている。

若ければ挽回する時間があるので、大きなリスクを負う余裕がある。何度転んでも、立ち上がって前に進むことができる。

もちろん、退職する前に次の仕事を決めておくほうが楽だ。だから人は、在職中に転職活動をして、次の職場を決めようとする。

だが、私がクリスティーンにアドバイスしたように、もっとも大切なのは簡単な道を選ぶことではない。あなたにとって最善の道を選ぶことだ。**本当にやりたいことを探したいのなら、リスクを取るときがあってもいい。**

住む場所を変える不安を乗り越える方法

人は移住や旅行などの場面でも大胆な行動を避けようとする。他の都市に移住するなど想像もできないという人も多い。遠く離れた土地に移り住めば大きなチャンスが得られるような状況にあっても、「知り合いがいない」「母親の近くにいたい」といった理由で尻込みしてしまう。

だが、たった2、3人の友人から離れることを恐れて、新たな挑戦の機会を逃してしまうのは実にもったいないことだ。逆に言えば、その2、3人に自分の住む場所を選ばせているようなものだ。

もちろん、大切な人との関係をおろそかにしてもいいというわけではない。だが冷静かつ合理的に考えてみれば、思い切って新天地に移住しても、それまでの人間関係は保てるし、新しい土地でも友人をつくれることがわかるはずだ。

こうした合理的な考えをするためには、不安を数字に置き換えてみるといい。

たとえば、現在の仕事より年収が2万ドル多く、やりがいがありそうな仕事に就けるが、そのためには国内のかなり遠方（または国外）に移住しなければならないとする。友人や家族と離れた場所に住むことを不安に覚える人もいるだろう。

そんなとき、私はこう尋ねる。「普段、その人たちとどれくらいの時間を過ごしているのか？」と。

多くの場合、実際はそれほど一緒にいないことがわかる。人は身近にあるものはいつでも手が届くと考えがちだからだ。その結果、その気になれば会える大切な人とも、実のところ頻繁には会ってはいない。

加えて、「移住先からのファーストクラスの往復航空券はいくらになるか？」とも尋ねる。これは、移り住んだ土地から地元に戻るためにかかる最高額の費用だ。

だがファーストクラスの航空券代も、転職によってアップした2万ドルに比べればごくわずかな額にすぎない。大切な人と会うために年に何度か地元に戻ったとしても、十分におつりがくる。

さらに、金の問題だけではなく、移住によってさまざまな体験ができることも加味して考えるべきだ。

これらを考えた後でも、やはり地元に残るという人はいる。もちろん、私はその人の考えを尊重する。だがこれは、見方によっては地元に留まるために2万ドルを支払っているとも考えられる。

私自身、移住を拒んでいたら、人生で最大のキャリアチャンスを逃していた。25歳のとき、2年前に会社をクビになった後で転職し、天然ガスのブローカーとして働いていたときのことだ。大学を出たての頃に比べると、10倍から15倍もの給料を手にしていた。高給取りになれたのはうれしかったが、仕事そのものは嫌いだった。電話営業は苦痛だったし、客に自分が気に入られるかどうかが営業成績に大きく影響するという仕事の性質も肌に合わなかった。ブローカーという仕事の性質上、ある程度は自分の裁量で状況をコントロールできるが、どれだけ頑張っても超えられない限界も感じた。

それが、私がトレーダーになりたかった理由だ。ブローカーを個人顧客向けに不動産を売る仕事と喩えるなら、トレーダーは物件自体を売買するのが仕事だ。大きなリスクを取るが、成功すれば大きな報酬を得られる。

トレーダーになる機会は、意外な形で訪れた。あるとき、テキサスにいる顧客のもとを訪れたときのことだ。いつもの出張だと思っていた。

だが実際には、その顧客は私を面接しようとしていた。話が終わると、自身が経営する会社でヘッドオプショントレーダーとして働かないかと誘ってくれた。私は、その仕事をやりたいかどうか確信を持てないような態度で条件を聞き、交渉した。だが、心のなかではこう叫んでいた。

「ニューヨークに戻ったら、すぐにでも荷物をまとめてテキサスに移住するぞ！」

まわりからは、ニューヨークでの好条件の職を辞めてまで、うまくいくかどうかがわからない仕事に転職するのは理解できないと言われた。しかも、よりによって保守的な土地柄で知られるテキサスに移住してまで。

私自身、黒人であることもあって、この土地に（または南部の州全般に）対してステレオタイプな先入観を持っていた。だが、成功すれば大金を稼げるトレーダーになれる。大きなチャンスを目の前にしていた私にとって、そんなことは問題ではなかった。必要なら、シベリアにだって移住しただろう。それに、このチャンスに飛びつかなければ、あとで自己嫌悪に陥るだろうこともわかっていた。

失うものもなかった。テキサスでうまくいかなくても、ニューヨークに戻ってまたブローカーとして働けばいい。たとえ失敗したとしても、挑戦したことは残りの人生で誇りに思えるはずだ。ネガティブな経験でさえも、ポジティブな記憶の配当をもたらすことがある。つまりそのときの私にとって、これは得る物が大きく、失う物は少ない賭けだった。

結果として、すべてがうまくいった。私はトレーダーとして成功し、テキサスが大好きになった。ヒューストンで就職してから1週間後、上司と一緒にチャリティーオークションに行き、馬とショットガンを落札した。

ニューヨークの友人たちに共同馬主になったと言うと、みんな驚いていた。今はもう馬主ではないが、そのときに手に入れた旧式のショットガンはまだ保有している。ニューヨークで出会い、仲良くなった人たちとの友情を保つ一方で、ヒューストンでも幸せに暮らし、気の合う仲間をたくさん見つけることができた。

もちろん、「世の中、そんなにうまくいくことばかりじゃない」という人もいるだろう。私がトレーダーの仕事をオファーされたのも、大金を稼げたのも、そもそもそれ以前に高収入のブローカーの職を得ていたのも、すべて幸運ではないかと。

それでも、私が実体験を通じて実感した、「人生には大胆に行動すべきときがある」という考えは、あらゆる人に当てはまるものだと確信している。

リスクを恐れるあなたへ

チャンスをつかむために高収入の仕事を辞める人もいれば、まったく貯金がない状態から行動を起こす人もいるだろう。昼間はバーガーキングで働きながら夜間にプログラミングを学ぶ男性も、屋台ビジネスを仲間と一緒に始めようと準備をしている女性も、スケールは小さいかもしれないが大胆に行動を起こしている点では同じだ。

「安定しているが充実感が得られない道」ではなく、**「確実性は低いが経済的、心理的にはるかに大きなやりがいが感じられる大胆な道」**に進もうとしているのだ。

もちろん、リスクを恐れる人の気持ちもよく理解できる。私の母も公務員で、教師をしていた。だから私が公務員になることをずっと望んでいたし、そのことについて幾度となく議論もした。

母は、「公務員はなんといっても安定している」といって譲らなかった。だがそれは、私が人生に求めていたものとは正反対のものだった。私はリスクを承知のうえで何かに挑戦し、大きな成功をつかみとりたかった。郵便局が常に職員を募集していて、安定した収入を得られるのなら、他のすべてが失敗したときに就職すればいいと思っていた。なにも、最初から公務員にならなくてもいいじゃないか、と。

ただし、母の生い立ちを考えれば、それも無理はないと思っている。彼女はアフリカ系アメリカ人で、大恐慌の直後に生まれ、公民権運動が起こる前の時代を生きてきた。嫌と言うほど不公平を体験し、つらい思いを味わってきたからこそ、安全や安定を何よりも求めるようになったのだ。

生い立ちによってリスクに対する考えは変わる。それに、人には生まれつきリスク許容度に違いがある。だから私は、あなたがどれだけのリスクを負うべきかについては話さない。

だが、少しでもあなたの背中を押すために、最後に大胆に行動するための3つのポイントだけ伝えておこう。

1つ目は、あなたがどれくらいリスクを取ろうが、どんな大胆な行動に出ようが、一般的にそれは**人生の早い段階が良い**ということだ。繰り返しになるが、若い頃のほうが失敗のダメージは少なく、成功して得られるメリットは大きくなる。

2つ目は、**行動を取らないことへのリスクを過小評価すべきではない**ということだ。大胆な行動を取らず、同じ場所に留まれば、安全に思えるだろう。だが、それによって何かを失っている可能性にも目を向けるべきだ。

安全な道は歩めるかもしれないが、行動して得られるはずだった経験値を失っている可能性もある。たとえば行動によって1万ポイントの経験値を得られたのに、リスクを避けたために7000ポイントしか得られていないかもしれない。その場合、人生の満足度が30％減ることになる。

もし満足感が30％少なくなっても、安心が手に入るならかまわないという人もいるだろう。もちろん、それは問題ない。どの程度のリスクを取るかはあなた自身が決めることだ。私が伝えたいのは、その決定によってどのような影響が生じるかをよく考えてほしいということだ。

3つ目は、**「リスクの大きさ」と「不安」は区別すべきだ**ということだ。人は不安に襲われていると、実際のリスクを過度に大きく見なしてしまう。

大胆な行動を想像するとすぐに不安を覚えてしまう人は、まずは考え得る最悪のシナリオを頭に浮かべてみよう。次に、その最悪のシナリオを乗り越えるためのあらゆる安全策を検討してみよう。たとえば、失業保険や家族からの支援、民間保険などを利用できないかと考えてみる。

すると、リスクを取ることで起こり得る最悪のシナリオも、想像したほど悪くはないと気づけるかもしれない。もしそうなら、リスクを取ることのプラス面にも目を向けやすくなるだろう。


なお、この章では、若いときに大胆に行動することの価値を説明してきた。だが、若くはない人でも大胆になるべきときがある。それは、**苦労して稼いだ金をいつ使うかを判断するとき**だ。

「ルール8」で見たように、資産のピークを見定めて、残りの時間と金を、人生を豊かにする経験にあてると決断するのには勇気がいる。人生を無駄にすることには不安を抱かないのに、金が足りなくなることを過剰に恐れる人は多いからだ。

だが、私たちが一番恐れるべきは、「80歳になったときに潤沢な資産があるか」ではない。人生と時間を無駄にしてしまうことなのだ。

実践しよう

- リスクが少ないにもかかわらず、逃しているチャンスがないかを確認しよう。一般的には、リスクを伴う行動は、若いときほどデメリットが少なく、メリットは大きくなる。
- あなたを行動から妨げている「恐れ」に目を向けよう。それは合理的なものだろうか、それとも非合理的なものだろうか。不合理な恐れを、夢や目標の障害にしないようにしよう。
- 人生では、目の前に常に選択肢がある。あなたの選択には、あなたの価値観が反映されている。日々の選択に意識的になろう。より良い人生を生きるために、賢明な選択をしていこう。

あとがき

私はこの本で、「ゼロで死ぬ」ことをあなたにすすめてきた。だが、とても正確に考えれば、それを実現するのは不可能だとも言える。

なぜなら、この本で説明したすべてのルールに従い、健康状態を管理し、寿命を予測し、日々の経済状態を把握しても、天国に旅立つ瞬間、あなたのポケットには数ドルが入っている可能性が高いからだ。銀行口座にも数百ドルが残っているだろう。厳密には、それはゼロで死ぬことにはならない。

だが、それはまったく問題ない。

ゼロで死ぬという目標を持つこと自体が、あなたを正しい方向に導いてくれる。

あなたは、何も考えずに働き、貯蓄し、できるだけ資産を増やそうとしていたこれまでの人生を変え、できる限り最高の人生を送れるようになる。

ゼロで死ぬという目標を持つことで、人生を充実させようという意識が働くようになるからだ。つまり、「ゼロで死ぬ」を目指すこと自体に高い価値がある。

毎週、大勢の人々が教会や寺院に行き、イエスやモーセのようになろうとし、ムハンマドに倣《なら》おうとしている。だが実際には、こうした神聖な存在に近づける人はほとんどいない。完璧な人などいない。どれほど徳の高い人でも、常に親切で、賢く、勇気を持ち続けるのは難しい。

だが理想を追求すれば、人は正しい方向に進むことができる。わずかであれ、親切になり、賢くなり、勇気を持てるようになる。

ゼロで死ぬという目標を持つのも同じことだ。完璧に実行できなくても、目指すことで、何もしないよりもはるかに目標に近づける。

だから、挑戦しよう。

人生を最大限に充実させ、たった一度の人生を価値あるものにしよう。

本書のメッセージが、あなたが「良い仕事に就き、膨大な時間を捧げて働き、60代から70代に引退して、そのあとで人生の黄金期を過ごす」という従来の価値観に従った生き方を考え直すきっかけになることを願っている。

体力や気力が落ち始めるまで、人生を充実させる経験をするのを待つ理由などないはずだ。死ぬまでに使い切ることのない金を貯めることばかりに労力を注ぐのではなく、今すぐ人生を最大限に楽しもう。一生の思い出になるようなことをしよう。子どもたちにとって最適なタイミングで資産を分け与えよう。

私はそれが、正しい生き方だと考えている。

覚えておいてほしい。

人生で一番大切なのは、思い出をつくることだ。

さあ、今すぐに始めよう。先延ばしする理由などないのだから。

謝辞

誰でも、良いアイデアを思いつくことがある。そして、まわりの人に「これを実現するつもりだ」としつこいくらいに繰り返す。

だが、たいていそのアイデアは、「いつかやりたいこと」のリストに加えられるだけで、そのまま何年も放置されてしまう。何か強力な引き金がなければ、私たちは重い腰を上げようとはしない。

私にとって、その強力な引き金になったのが、クリス・レンナ医師の診療所を訪れたことだった。私のアイデアを聞いたレンナは、「ぜひ、それは本にすべきだ」と熱心にすすめてくれた。

そこで私は、まず率直な意見を述べてくれる友人や家族、同僚など、身近な人々とこのアイデアについて本音で話し合い、討論した。誰もが独自の視点から有益なアドバイスをしてくれ、私のアイデアが突拍子もないものである場合にはそれを指摘してくれた。

私が思いつくままに口にするアイデアに耳を傾け、その善し悪しを判断するのに協力してくれた、以下の人々に感謝する。ティア・シンクレア、グレッグ・ホエーリー、ジョン・アーノルド、クーパー・リッチー、マーク・ホロウィッツ、オマール・ハニーフ、ダン・ビザーリアン。

ライターのマリーナ・クラコフスキーにも感謝したい。よいアイデアを持っていることと、それを説得力のある読みやすい本にすることは別の話だ。自分の言葉や体験談、説明をよく理解し、かつ私の語り口やスタイル、情熱を損なわずに文章に書き落としてくれる彼女の力を借りる必要があった。

彼女は、経済学にも精通し、本書に関する学術的な研究結果を調査できる能力も兼ね備えていた。優秀なライターとコンビを組むことができて、本当に幸運だった。

複雑なアイデアを誰もが理解できる本に変えるために、私の背中を押し続けてくれたマリーナに心からの感謝を伝えたい。

プロのライターの協力を取りつけ、素晴らしいアイデアを企画書に落とし込んだ後に必要だったのは、この本を多くの読者に届けてくれる出版社だった。出版社を探すために、私はエージェントのジム・レバインに仕事を依頼した。

私の企画書を見て、5人のエージェントが名乗り出てくれたが、私はジムを選んだ。

その5人のなかで唯一、企画自体は悪くないが、出版社に提示するには手直しが必要だと指摘し、その理由も明確に説明してくれたからだ。

私の企画に特別な興味を持ってくれ、私を「漠然としたアイデアを持っている人」から「一冊の本をつくれる、具体的なコンテンツを持っている人」へと導いてくれたことに感謝したい。

また、リック・ウォルフとホートン・ミフリン・ハーコートのチームにも感謝する。1つのジャンルには収まりきらないこの本を編集し、文章があまりに強引で自信満々な（私にはその傾向がある）感じにならないようにするのを手伝ってくれた。コピーエディターのウィル・パルマーにも感謝したい。

私のオフィスのスタッフにも感謝を述べたい。時間を割いて調査を行い、本書に必要な視点を与えてくれ、私が近視眼的になるのを防いでくれた、チャールズ・デニストン、オレグ・コスチェンコ、バーリー・ニカルズ、シルパ・チュンチュ、ロフタス・フィッツウォーター、カサンドラ・クークマーに感謝を。

自らの生き方やエピソードを世間の目にさらすことを承諾してくれた友人や家族、知人にも感謝する。身近な方法でアイデアを伝えるのに、実例に勝る方法はない。本書のようなお金の使い方や生き方をテーマにした本では、実例がとてもプライベートなものになることが多い。エリン・ブロードストン・アーバイン、ジョン・アーノルド、ベアード・クラフト、アンディ・シュワルツ、ジェイソン・ルッフォ、ジョー・ファアレル、パウリー・パストラミ・シモニエーロ、クリスティーヌ・プラタニア、グレッグ・ホエーリー、クリス・ライリー、姉のティア・シンクレア、母のフルータ・ルイーズ・ディアズ、そして何より、私と知り合いではないにもかかわらず、自らの物語を書くことを許してくれたバージニア・コリンに特別な感謝を。あなたの寛大で勇敢な貢献がなければ、この本は誰かを触発し、動機づけるものにはならなかった。

また、具体的なエピソード以外に本書に不可欠だったのは、それを数式的なモデルとして表現することだった。行動経済学者のケイ・ユット・チェンは、このモデルの構築と、その土台となるロジックの説明に大きく貢献してくれた。オマール・ハニーフも、アイデアをモデルに落とし込むうえで重要な役割を果たしてくれた。

また、チャールズ・デニストンは、この本のチャートや図をすべて作成してくれた。この本で用いたデータは、アメリカ政府によっても公開されている。だが、それを読者にとって読みやすい形で提示するのは簡単なことではない。彼は、私がデータの変更を求めると、いつも素早く必要な修正をしてくれた。

私のスケジュールを管理し、混沌とした状況に秩序を与えてくれたアシスタントのカサンドラ・クークマーにも感謝を。いつもの優雅さで、本書の執筆期間をマネージメントしてくれた。

多くの人たちが、この本の原稿を部分的に読み、フィードバックをくれた。未編集の本のフィードバックを依頼するのは（特に否定的なコメントを求める場合は）、簡単なことではない。

長時間、注意深く原稿に目を通したうえで、良くない点、間違っている点、傲慢だと感じられる点、あるいは全体的にひどい代物であることなど、否定的なコメントを伝えてもらうことになる（それが知人である場合はなおさら大変だ）。

もしあなたがこの本を気に入ってくれたのなら、それは辛抱強く、勇気を持って草稿に目を通してくれた人々のおかげだ。

もしあなたがこの本を気に入らなかったのなら、おそらく次の人々がいなければもっと気に入らないものになっていただろう。

ラケル・シーガル、オマール・ハニーフ、ケイ・ユット・チェン、キース・パーキンス、マーク・ホロウィッツ、そして何よりクーパー・リッチー。

クーパー・リッチーについては、1段落を費やして感謝の言葉を述べなければならない。私の草稿を読んでくれること自体が大変な好意なのに、それを2回半もしてくれたからだ。

さらに、ページごとに細かくコメントをつけてくれ、この本をもっと良いものにするためのアイデアも出してくれた。電話でも議論をし、そのあとでまた提案をしてくれることもあった。

私はクーパーに、文字通り「正直者は馬鹿をみる」ということわざが当てはまるような行為をさせてしまった。つまり、この本を良いものにするために、こちらからお願いしたことの何倍ものことをしてくれた。そのために費やしたたくさんの時間と努力に心からの感謝を述べたい。

このクレイジーで素晴らしい冒険につながる扉の1つを開いてくれた、私の名付け親、敬愛なるジョセフ・パネピントにも感謝を。

私たちがつくるあらゆるものは、前の世代の人々が築いてくれた土台の上に成り立っている。母のフルータ・ルイーズ・ディアズと父のビル・パーキンス・ジュニアにも感謝したい。

ほかにも、この本を書くために実にさまざまな人との関わりがあった。この謝辞に名前を書き忘れている人がいたら、お詫びし、感謝を捧げたい。

私はこの本について、語り、話し合い、考えるのに膨大な時間を費やしてきた。それが可能だったのは、まわりの人たちが私の邪魔をせずにいてくれたおかげだ。

娘のスカイとブリサ、ガールフレンドのララ・セバスチャンが、愛情と忍耐力を持って、この本に気を取られている私に辛抱強く耐え続けてくれなければ、私はこの本を執筆できなかった。心よりの感謝を。

私はついに、日常に戻ってきた！

参考文献

ルール1――「今しかできないこと」に投資する

・ Amy Finkelstein, Erzo F. P. Luttmer, and Matthew J. Notowidigdo, "What Good Is Wealth Without Health? The Effect of Health on the Marginal Utility of Consumption," *Journal of the European Economic Association*11 (2013): 221-58.

・ David Callahan, "The Richest Americans Are Sitting on $4 Trillion. How Can They Be Spurred to Give More of it Away?," *Inside Philanthropy*, https://www.insidephilanthropy.com/home/2018/12/4/the-richest-americans-are-sitting-on-4-trillion-how-can-they-be-spurred-to-give-more-of-it-away.

・ Thomas Gold, *The Deep Hot Biosphere* (New York:Springer, 1998), digital edition, https://www.amazon.com/Deep-Hot-Biosphere-Fossil-Fuels/dp/0387985468.
The fact that all living organisms need energy to stay alive is just Biology101 — but its significance didn't hit me until I read Thomas Gold's *The Deep Hot Biosphere* (an important book for an energy trader, because Gold argues that the earth holds far more oil than the fossil-fuel theory of oil's origin suggests, whereas oil prices are predicated on a scarce supply of oil).Most fascinating to me, though, were the parts of the book about the origins of life from the simplest microbes to the most complex creatures, each relying on the chemical energy stored lower down the food chain. I latched onto the idea that I'm an energy-processing unit (EPU) every bit as much as a robot or a car is. That got me thinking about how calorically expensive it is to move our bodies, and how interesting it is that we build machines like planes that can move us great distances at high speeds — we are essentially EPUs that can build other EPUs. If you're looking for an intelligent, self-improving,replicating machine, it's here already, and it's called the human race.

ルール2――一刻も早く経験に金を使う

・ Aesop, "The Ants & the Grasshopper," in *The Aesop for Children* (Library of Congress), http://read.gov/aesop/052.html.

・ Gary S. Becker, "Human Capital," Library of Economics and Liberty, https://www.econlib.org/library/Enc/HumanCapital.html.
The economist Gary Becker identified health, along with education and training, among the most important investments in human capital.

・ T. J. Carter and T. Gilovich, "I Am What I Do,Not What I Have: The Differential Centrality of Experiential and Material Purchases to the Self," *Journal of Personality and Social Psychology* 102 (2012):1304-17, doi:10.1037/a0027407. https://cpb-us-e1.wpmucdn.com/blogs.cornell.edu/dist/b/6819/files/2017/04/CarterGilo.JPSP_.12-14i5eu8.pdf.

Psychological research supports the idea that your experiences are closely tied to your sense of self, which helps explain why spending on experiences brings more happiness than spending on possessions. For example, when participants were able to conceive of something (like a TV) as either a possession or an experience, being experimentally prompted to think of it as an experience caused them to see the purchase as having greater overlap with themselves than thinking of it as a possession did.

- David Bach, *Start Late, Finish Rich* (New York: Currency,2006), https://www.amazon.com/dp/0767919475/ref=rdr_ext_tmb.
  The term is a coinage of personal finance author David Bach, who registered it as a trademark and created a calculator to help you figure out how much you stand to gain over time from reducing small recurring expenses.

ルール3——ゼロで死ぬ

- "Income Percentile by Age Calculator for the United States in 2018," DQYDJ.com, last modified May 31, 2019, https://dqydj.com/income-percentile-by-age-calculator/.
  "Income Tax Calculator, Texas, USA," Neuvoo,https://neuvoo.com/tax-calculator/?iam=&salary=75000&from=year&region=Texas.
- Michael D. Hurd, "Wealth Depletion and Life-Cycle Consumption by the Elderly," in *Topics in the Economics of Aging*, ed.David A. Wise (Chicago: University of Chicago Press, 1992), 136, https://www.nber.org/chapters/c7101.pdf.
- Hersh M. Shefrin and Richard H. Thaler,"The Behavioral Life-Cycle Hypothesis," in *Quasi Rational Economics*, ed.Richard H. Thaler (New York: Russell Sage Foundation, 1991), 114.
- Economists who study people's spending and saving know that older people don't decumulate their savings fast enough, and the reasons they give match the two reasons I so often hear in conversations: "precautionary savings" (to address the fear of running out of money or not having enough for unforeseen expenses) and "the bequest motive"(What about the kids?).
- Jesse Bricker et al., "Table 2: Family Median and Mean Net Worth, by Selected Characteristics of Families, 2013 and 2016 Surveys," *Federal Reserve Bulletin* 103 (2017): 13, https://www.federalreserve.gov/publications/files/scf17.pdf.
- Sudipto Banerjee, "Asset Decumulation or Asset Preservation? What Guides Retirement Spending?," *Employee Benefit Research Institute* issue brief 447 (2018), https://www.ebri.org/docs/default-source/ebri-issue-brief/ebri_ib_447_assetpreservation-3apr18.pdf?sfvrsn=3d35342f_2.
- Michael K. Stein, *The Prosperous Retirement* (Boulder, Colo.:Emstco Press, 1998).
  Dan Healing, "How Much Money Will You Need After You Retire? Likely Less Than You Think," *Financial Post*, August 9, 2018,https://business.financialpost.com/personal-finance/retirement/how-much-money-should-you-have-left-when-you-die-likely-less-than-you-think.
- "Table 1300: Age of Reference Person: Annual Expenditure Means, Shares, Standard Errors, and Coefficients of Variation, Consumer Expenditure Survey, 2017," U.S. Bureau of Labor Statistics, https://www.bls.gov/cex/2017/combined/age.pdf.
  Peter Finch, "The Myth of Steady Retirement Spending, and Why Reality May Cost Less," *New York Times*,November 29, 2018, https://www.nytimes.com/2018/11/29/business/

retirement/retirement-spending-calculators.html.
- Shin-Yi Chou, Jin-Tan Liu, and James K. Hammitt,"National Health Insurance and Precautionary Saving: Evidence from Taiwan,"*Journal of Public Economics* 87 (2003): 1873–94, doi:10.1016/S0047-2727(01)00205-5.When the government of Taiwan started offering health insurance, people's savings declined.
  Michael G. Palumbo, "Uncertain Medical Expenses and Precautionary Saving Near the End of the Life Cycle," *Review of Economic Studies* 66 (1999): 395–421, doi:10.1111/1467-937X.00092, https://academic.oup.com/restud/article-abstract/66/2/395/1563396.
- Anna Gorman, "Medical Plans Dangle Gift Cards and Cash to Get Patients to Take Healthy Steps," *Los Angeles Times*, December5, 2017, https://www.latimes.com/business/la-fi-medicaid-financial-incentives-20171205-story.html.
  Ellen Stark, "5 Things You SHOULD Know About Long-Term Care Insurance," *AARP Bulletin*, March 1, 2018,https://www.aarp.org/caregiving/financial-legal/info-2018/long-term-care-insurance-fd.html.

ルール4——人生最後の日を意識する

- "Distribution of Life Insurance Ownership in the United States in 2019," Statista, https://www.statista.com/statistics/455614/life-insurance-ownership-usa/.
- Ron Lieber, "The Simplest Annuity Explainer We Could Write," *New York Times*, December 14, 2018, https://www.nytimes.com/2018/12/14/your-money/annuity-explainer.html.
- Richard H. Thaler, "The Annuity Puzzle," *New York Times*, June 4, 2011, https://www.nytimes.com/2011/06/05/business/economy/05view.html.
  Dozens of scholarly papers have been written on this topic; if you want a simple explanation of the puzzle, including some possible answers, check out this "Economic View" column by recent Nobel laureate Richard Thaler.
- Gary Becker, Kevin Murphy, and Tomas Philipson,"The Value of Life Near Its End and Terminal Care" (working paper, National Bureau of Economic Research, Washington, D.C., 2007), http://citeseerx.ist.psu.edu/viewdoc/download?doi=10.1.1.446.7983&rep=rep1&type=pdf.
- "Final Countdown Timer," v. 1.8.2 (ThangBom LLC,2013), iOS 11.0 or later, https://itunes.apple.com/us/app/final-countdowntimer/id916374469?mt=8.
  The app is not specifically designed to count down to your expected death date — you can put in several different dates (deadlines, anniversaries, whatever you want) and watch the timer count down to all of them.

ルール5——子どもには死ぬ「前」に与える

- Laura Feiveson and John Sabelhaus, "How Does Intergenerational Wealth Transmission Affect Wealth Concentration?,"*FEDS Notes*, Board of Governors of the Federal Reserve System, June 1,2018, doi:10.17016/2380-7172.2209. https://www.federalreserve.gov/econres/notes/feds-notes/how-does-intergenerational-wealth-transmission-affectwealth-concentration-20180601.htm.
- Libby Kane, "Should You Give Your Kids Their Inheritance Before You Die?," *The Week*, August 21, 2013, https://theweek.com/articles/460943/should-give-kids-inheritance-

before-die.
Virginia Colin, interview by Marina Krakovsky,January 7, 2019.
・ Edward N. Wolff and Maury Gittleman, "Inheritances and the Distribution of Wealth or Whatever Happened to the Great Inheritance Boom?," *Journal of Economic Inequality* 12, no. 4 (December2014): 439–68, doi:10.1007/s10888-013-9261-8.
・ Marina Krakovsky, "The Inheritance Enigma," *Knowable Magazine*, February 12, 2019, https://www.knowablemagazine.org/article/society/2019/inheritance-enigma.
・ William J. Chopik and Robin S. Edelstein, "Retrospective Memories of Parental Care and Health from Mid- to Late Life," *Health Psychology* 38 (2019): 84–93, doi:10.1037/hea0000694.
・ Carolyn J. Heinrich, "Parents' Employment and Children's Wellbeing," *Future of Children* 24 (2014): 121–46, https://www.jstor.org/stable/23723386.
・ Jere R. Behrman and Nevzer Stacey, eds., *The Social Benefits of Education* (Ann Arbor: University of Michigan Press, 1997),https://www.jstor.org/stable/10.3998/mpub.15129.
George Psacharopoulos and Harry Antony Patrinos,"Returns to Investment in Education: A Decennial Review of the Global Literature" (working paper, World Bank Group Education Global Practice, Washington, D.C., April 2018), http://documents.worldbank.org/curated/en/442521523465644318/pdf/WPS8402.pdf.
Paul J. Jansen and David M. Katz, "For Nonprofits,Time Is Money," *McKinsey Quarterly*, February 2002, https://pacscenter.stanford.edu/wp-content/uploads/2016/03/TimeIsMoney-Jansen_Katz_McKinsey2002.pdf.
・ Jonathan Grant and Martin J. Buxton,"Economic Returns to Medical Research Funding," *BMJ Open* 8 (2018),doi:10.1136/bmjopen-2018-022131.

ルール6——年齢にあわせて「金、健康、時間」を最適化する

・ Stephen J. Dubner and Steven D.Levitt, "How to Think About Money, Choose Your Hometown, and Buy an Electric Toothbrush," podcast transcript, *Freakonomics*, October 3, 2013,http://freakonomics.com/2013/10/03/how-to-think-about-money-choose-your-hometown-and-buy-an-electric-toothbrush-a-new-freakonomics-radio-podcast-full-transcript/.
・ Elizabeth Warren and Amelia Warren Tyagi, *All Your Worth: The Ultimate Lifetime Money Plan* (New York: Free Press, 2006), https://www.amazon.com/All-Your-Worth-Ultimate-Lifetime/dp/0743269888.
・ Gyan Nyaupane, James T. Mc-Cabe, and Kathleen Andereck, "Seniors' Travel Constraints: Stepwise Logistic Regression Analysis," *Tourism Analysis* 13 (2008): 341–54, https://asu.pure.elsevier.com/en/publications/seniors-travel-constraints-stepwise-logistic-regression-analysis.
・ Robert M. Sapolsky, "Open Season," *New Yorker*, March 30, 1998, https://www.newyorker.com/magazine/1998/03/30/open-season-2.
Rachel Honeyman, "Proof That 65 Is Never Too Late to Kickstart Your Fitness Journey," GMB Fitness, November 20, 2016,https://gmb.io/stephen-v/.
・ Valerie Cross, "Jaime and Matt Staples Win $150,000 Weight Loss Bet from Bill Perkins," *PokerNews*, March23, 2018, https://www.pokernews.com/news/2018/03/jaime-staples-set-to-collect-on-150k-weight-loss-prop-bet-30300.htm.

- Ashley V. Whillans, Elizabeth W. Dunn, Paul Smeets, Rene Bekkers, and Michael I. Norton, "Buying Time Promotes Happiness," *Proceedings of the National Academy of Sciences* 114, no. 32 (August 8, 2017): 8523–27, doi:10.1073/pnas.1706541114.
- J. B. Maverick, "What Is the Average Annual Return for the S&P 500?," *Investopedia*, last modified May 21, 2019, https://www.investopedia.com/ask/answers/042415/what-average-annual-return-sp-500.asp.

ルール7――やりたいことの「賞味期限」を意識する

- Bronnie Ware, *The Top Five Regrets of Dying:A Life Transformed by the Dearly Departing* (Carlsbad, Calif.: Hay House,2012), https://www.amazon.com/Top-Five-Regrets-Dying-Transformed/dp/140194065X.
- Kristin Layous, Jaime Kurtz, Joseph Chancellor, and Sonja Lyubomirsky, "Reframing the Ordinary: Imagining Time As Scarce Increases Well-Being," *Journal of Positive Psychology* 13(2018): 301–8, doi:10.1080/17439760.2017.1279210.

ルール8――45〜60歳に資産を取り崩し始める

- Derick Moore, "Homeownership Remains Below 2006 Levels for All Age Groups," United States Census Bureau, August 13,2018, https://www.census.gov/library/stories/2018/08/homeownership-by-age.html.
- PropertyMetrics, "Understanding Present Value Formulas," *PropertyMetrics* blog, July 10, 2018, https://www.propertymetrics.com/blog/2018/07/10/present-value-formulas/.
- Carolyn O'Hara, "How Much Money Do I Need to Retire?," *AARP the Magazine*, https://www.aarp.org/work/retirement-planning/info-2015/nest-egg-retirement-amount.html.
- Sarah Skidmore Sell, " '70 Is the New 65': Why More Americans Expect to Retire Later," *Seattle Times*, May 8, 2018, https://www.seattletimes.com/nation-world/nation/more-americans-expect-to-work-until-70-not-65-there-are-benefits/.
  "When Do Americans Plan to Retire?," Pew Charitable Trusts, November 19, 2018, https://www.pewtrusts.org/en/research-and-analysis/issue-briefs/2018/11/when-do-americans-plan-to-retire.
- Peter Gosselin, "If You're Over 50, Chances Are the Decision to Leave a Job Won't Be Yours," *ProPublica*, last modified January4, 2019, https://www.propublica.org/article/older-workers-united-states-pushed-out-of-work-forced-retirement.
- Average Retirement Age in the United States," DQYDJ.com, last modified May 31, 2019, https://dqydj.com/average-retirement-age-in-the-united-states/.
- "Report on the Economic Well-Being of U.S. Households in 2017," Board of Governors of the Federal Reserve System, last modified June 19, 2018, https://www.federalreserve.gov/publications/2018-economic-well-being-of-us-households-in-2017-retirement.htm.
- Anne Kates Smith, "Retirees, Go Ahead and Spend a Little (More)," *Kiplinger's Personal Finance*, October 3, 2018, https://www.kiplinger.com/article/spending/T031-C023-S002-how-frugal-retirement-savers-can-spend-wisely.html.
- Government Accountability Office, "Older Workers:Phased Retirement Programs, Although Uncommon, Provide Flexibility for Workers and Employers," report to the Special Committee on Aging,U.S. Senate, June 2017, https://www.gao.gov/products/GAO-17-536.

・Stephen Miller, “Phased Retirement Gets a Second Look,” Society for Human Resource Management, July 28, 2017,https://www.shrm.org/resourcesandtools/hr-topics/benefits/pages/phasedretirement-challenges.aspx.
・If you don’t know that *Jeopardy* is a TV game show or that *The Golden Girls* is a sitcom, chances are you haven’t lived in the United States for very long.

ルール9――大胆にリスクを取る

・“The Big Interview: 5 Minutes with . . . Jeff Cohen,”*Chambers Associate*, n.d., https://www.chambers-associate.com/the-big-interview/jeff-cohen-chunk-from-the-goonies-lawyer.
・D. Vohs, Jennifer L. Aaker, and Rhia Catapano, “It’s Not Going to Be That Fun: Negative Experiences Can Add Meaning to Life,” *Current Opinion in Psychology* 26 (2019): 11-14,doi:10.1016/j.copsyc.2018.04.014.

ビル・パーキンス

1969年、アメリカテキサス州ヒューストン生まれ。アメリカ領ヴァージン諸島を拠点とするコンサルティング会社BrisaMaxホールディングスCEO。アイオワ大学を卒業後、ウォールストリートで働いたのち、エネルギー分野のトレーダーとして成功を収める。現在は、1億2000万ドル超の資産を抱えるヘッジファンドのマネージャーでありながら、ハリウッド映画プロデューサー、ポーカープレーヤーなど、さまざまな分野に活躍の場を広げている。本書が初めての著書となる。

児島 修（こじま・おさむ）

英日翻訳者。訳書に『脳にいい食事大全——1分でアタマがよくなる食事の全技術』『天才の閃きを科学的に起こす 超、思考法——コロンビア大学ビジネススクール最重要講義』『自分を変える1つの習慣』『一人になりたい男、話を聞いてほしい女』（以上、ダイヤモンド社）、『やってのける』『自分の価値を最大にするハーバードの心理学講義』（以上、大和書房）などがある。

DIE WITH ZERO 人生が豊かになりすぎる究極のルール

2020年 9 月29日　第 1 刷発行
2024年11月18日　第21刷発行

著　者――ビル・パーキンス
訳　者――児島 修
発行所――ダイヤモンド社
〒150-8409　東京都渋谷区神宮前6-12-17
https://www.diamond.co.jp/
電話／03·5778·7233（編集）　03·5778·7240（販売）

装丁――――杉山健太郎
本文DTP――梅里珠美(北路社)
製作進行――ダイヤモンド・グラフィック社
校正――――加藤義廣(小柳商店)
印刷――――新藤慶昌堂
製本――――ブックアート
編集担当――畑下裕貴

ISBN 978-4-478-10968-7